DR. OETKER

MODE
Sahne
SCHNITTEN

BAILEYS-ESPRESSO-SCHNITTEN, IPANEMA-
SCHNITTCHEN, LIMETTENSCHNITTEN...

DR. OETKER

MODE Sahne SCHNITTEN

BAILEYS-ESPRESSO-SCHNITTEN, IPANEMA-
SCHNITTCHEN, LIMETTENSCHNITTEN...

Dr. Oetker Verlag

Vorwort

Aber bitte mit Sahne – für alle, die Sahnekreationen lieben,

ist dieses Mode-Sahneschnitten-Buch ein Muss.

Über 40 Rezepte für Sahneschnitten, wie sie vielfältiger kaum sein können,

werden Sie verführen. Ganz gleich, ob man es lieber frisch und fruchtig,

mit oder ohne Alkohol, mit Nüssen oder Schokolade mag – die Auswahl ist groß.

Selbst gezauberte Schnitten, mit Liebe und Sahne zubereitet, sind eine überzeugende Visitenkarte

für Ihre Gastfreundlichkeit und Ihre Gäste werden sich auf Ihre nächste Einladung freuen.

Damit Ihnen die Zubereitung gelingt, sind alle Rezepte von Dr. Oetker ausprobiert

und nachvollziehbar beschrieben.

Abkürzungen

EL	= Esslöffel
TL	= Teelöffel
Msp.	= Messerspitze
Pck.	= Packung/Päckchen
g	= Gramm
kg	= Kilogramm
ml	= Milliliter
l	= Liter
evtl.	= eventuell
geh.	= gehäuft
gestr.	= gestrichen
TK	= Tiefkühlprodukt
°C	= Grad Celsius
Ø	= Durchmesser
E	= Eiweiß
F	= Fett
Kh	= Kohlenhydrate
kcal	= Kilokalorien
kJ	= Kilojoule

Hinweise zu den Rezepten

Lesen Sie bitte vor der Zubereitung – besser noch vor dem Einkaufen – das Rezept einmal vollständig durch. Oft werden Arbeitsabläufe oder -zusammenhänge dann klarer.

Wir haben bei der Zubereitung verstellbare handelsübliche Backrahmen verwendet, welche sich mindestens auf eine halbe Backblechgröße verkleinern lassen. Diese sind in Haushaltswarenabteilungen erhältlich. Alternativ können Sie auch einen doppelt gefalteten Streifen Alufolie um den Gebäckboden stellen.

Die in den Rezepten angegebenen Backtemperaturen und -zeiten sind Richtwerte, die je nach individueller Hitzeleistung des Backofens über- oder unterschritten werden können. Bitte beachten Sie deshalb bei der Einstellung des Backofens die Gebrauchsanweisung des Herstellers und machen Sie nach Beendigung der Backzeit eine Garprobe.

Zubereitungszeiten

Die Zubereitungszeit beinhaltet nur die Zeit für die eigentliche Zubereitung, die Backzeiten sind gesondert ausgewiesen. Längere Wartezeiten (wie z. B. Teiggeh- oder Kühlzeiten) sind nicht mit einbezogen.

Stracciatella-Schnittchen

Zubereitungszeit: 65 Min., ohne Kühlzeit
Backzeit: 15–20 Min.

Insgesamt:
E: 98 g, F: 336 g, Kh: 699 g, kJ: 26270, kcal: 6262

Für den Knetteig:
- **300 g Weizenmehl**
- **50 g Speisestärke**
- **1 gestr. TL Backpulver**
- **1 Prise Salz**
- **150 g Zucker**
- **1 Pck. Vanillin-Zucker**
- **1 gestr. TL gemahlener Zimt**
- **2 Eier (Größe M)**
- **150 g weiche Butter oder Margarine**

Für den Belag:
- **2 Pck. Dessertpulver Stracciatella Creme mit Schokoladen-Stückchen**
- **400 ml Milch**
- **200 ml Schlagsahne**
- **800 g frische vorbereitete Himbeeren**

Für den Guss:
- **2 Blatt rote Gelatine**
- **50 g Zucker**
- **2 Pck. Vanillin-Zucker**
- **50 ml Zitronensaft**

Zum Verzieren und Garnieren:
- **300 ml Schlagsahne**
- **1 Pck. Vanillin-Zucker**
- **2 Karambolen (Sternfrüchte)**

1 Für den Teig Mehl mit Speisestärke und Backpulver mischen und in eine Rührschüssel sieben. Restliche Zutaten hinzufügen und mit Handrührgerät mit Knethaken zunächst auf niedrigster Stufe, dann auf höchster Stufe gut durcharbeiten. Anschließend auf einer bemehlten Arbeitsfläche zu einem glatten Teig verkneten. Sollte er kleben, ihn in Folie gewickelt eine Zeit lang kalt stellen.

2 Den Teig auf einem Backblech (30 x 40 cm, gefettet) ausrollen. Den Teigboden mit einer Gabel mehrmals einstechen. Das Backblech in den Backofen schieben.

Ober-/Unterhitze:
etwa 200 °C (vorgeheizt)
Heißluft: etwa 180 °C (vorgeheizt)
Gas: Stufe 3–4 (vorgeheizt)
Backzeit: 15–20 Min.

3 Das Backblech auf einen Kuchenrost stellen. Den Gebäckboden erkalten lassen und einen Backrahmen darumstellen.

4 Für den Belag Dessertpulver nach Packungsanleitung, aber mit 400 ml Milch und 200 ml Sahne zubereiten. Die Hälfte davon auf den Gebäckboden geben, glatt streichen. Die Hälfte der Himbeeren auf der Creme verteilen. Restliche Creme darauf geben und glatt streichen. Kuchen 2–3 Stunden kalt stellen.

5 Für den Guss Gelatine in kaltem Wasser nach Packungsanleitung einweichen. Restliche Himbeeren pürieren, mit Zucker, Vanillin-Zucker und Zitronensaft verrühren. Gelatine leicht ausdrücken und in einem Topf unter Rühren erwärmen (nicht kochen), bis sie völlig gelöst ist. Gelatine zuerst mit 1–2 Esslöffeln von dem Himbeerpüree verrühren, dann mit dem restlichen Himbeerpüree gut verrühren. Den Guss vorsichtig auf der Creme glatt streichen. Kuchen kalt stellen.

6 Zum Verzieren und Garnieren Sahne mit Vanillin-Zucker steif schlagen und in einen Spritzbeutel mit Sterntülle füllen, kalt stellen. Karambolen abspülen, trockentupfen und in dünne Scheiben schneiden. Backrahmen lösen und entfernen. Kuchen in Schnittchen schneiden, jedes mit einem Sahnetuff und einem Karambole-Stern garnieren.

Schwedenschnitten

**Zubereitungszeit: 45 Min.,
ohne Auftau-, Ruhe- und
Kühlzeit
Backzeit: etwa 40 Min.**

**Insgesamt:
E: 99 g, F: 384 g, Kh: 544 g,
kJ: 25559, kcal: 6103**

- **1 Pck. (450 g)
  TK-Blätterteig**

- **150 g Preiselbeerkonfitüre**

Für den Biskuitteig:
- **3 Eier (Größe M)**
- **2 EL heißes Wasser**
- **80 g Zucker**
- **1 Pck. Vanillin-Zucker**
- **1 Tropfen Rum-Aroma**
- **80 g Weizenmehl**
- **1 gestr. TL Backpulver**
- **20 g Kakaopulver**

Für die Füllung:
- **500 ml (½ l) Schlagsahne**
- **30 g gesiebter Puderzucker**
- **2 Pck. Sahnesteif**
- **1 Pck. Vanillin-Zucker**
- **3 EL weißer Rum**

Zum Verzieren:
- **100 g Vollmilchschokolade**
- **1 EL Speiseöl**
- **100 g gehobelte Mandeln**

1 Die Blätterteigplatten zugedeckt nebeneinander nach Packungsanleitung auftauen lassen, übereinander legen und zu einem Rechteck von etwa 30 x 40 cm ausrollen. Die Teigplatte in 4 gleich große Streifen (je etwa 30 x 10 cm) schneiden. Je 2 Blätterteigstreifen auf ein Backblech (mit Backpapier belegt) legen, etwa 15 Minuten ruhen lassen. Dann mit einer Gabel mehrmals einstechen und mit Wasser bestreichen.

2 Die Backbleche nacheinander (bei Heißluft zusammen) in den Backofen schieben.

**Ober-/Unterhitze:
etwa 200 °C (vorgeheizt)
Heißluft: etwa 180 °C (vorgeheizt)
Gas: Stufe 3–4 (vorgeheizt)
Backzeit: etwa 15 Min.
je Backblech.**

3 Die Blätterteigstreifen mit dem Backpapier auf einen Kuchenrost ziehen und erkalten lassen. 2 Blätterteigstreifen mit der Preiselbeerkonfitüre bestreichen.

4 Für den Teig Eier und Wasser mit Handrührgerät mit Rührbesen auf höchster Stufe in 1 Minute schaumig schlagen. Zucker mit Vanillin-Zucker mischen, in 1 Minute einstreuen. Rum-Aroma dazugeben, noch etwa 2 Minuten schlagen. Mehl mit Backpulver und Kakao mischen, auf die Eiercreme sieben und kurz auf niedrigster Stufe unterrühren.

5 Einen Backrahmen in der Größe von 20 x 30 cm auf ein Backblech (30 x 40 cm, gefettet, mit Backpapier belegt) stellen. Den Teig darin verstreichen. Das Backblech in den Backofen schieben und bei gleicher Backofeneinstellung etwa 10 Minuten backen.

6 Backrahmen entfernen. Die Gebäckplatte auf ein mit Zucker bestreutes Backpapier stürzen, mitgebackenes Backpapier entfernen. Gebäckplatte erkalten lassen und in 2 Gebäckstreifen (je 10 x 30 cm) schneiden. Je einen Gebäckstreifen auf einen mit Konfitüre bestrichenen Blätterteigstreifen legen.

7 Für die Füllung Sahne mit Puderzucker, Sahnesteif und Vanillin-Zucker steif schlagen. Rum vorsichtig unterheben. Sahnemasse auf die beiden Streifen mit dem doppelten Boden streichen und die beiden restlichen Blätterteigstreifen darauf legen.

(Fortsetzung Seite 10)

8 Zum Verzieren Schokolade in Stücke brechen und mit dem Speiseöl in einem kleinen Topf im Wasserbad bei schwacher Hitze zu einer geschmeidigen Masse verrühren. Die Gebäckstreifen mit der Schokoladenmasse überziehen. Mandeln als Streifen darauf streuen.

Kuchen kalt stellen. Vor dem Servieren mit einem scharfen Messer in Schnitten schneiden.

Prosecco-Erfrischungs-Ecken

Zubereitungszeit: 45 Min., ohne Kühlzeit
Backzeit: etwa 25 Min.

Insgesamt:
E: 115 g, F: 438 g, Kh: 730 g, kJ: 31348, kcal: 7476

Für den Rührteig:
- **175 g Butter oder Margarine**
- **150 g Zucker**
- **1 Pck. Finesse Geriebene Zitronenschale**
- **1 Prise Salz**
- **5 Eier (Größe M)**
- **350 g Weizenmehl**
- **1 Pck. Backpulver**
- **etwa 6 EL Milch**

Für den Belag:
- **2 Dosen Mandarinen (Abtropfgewicht je 175 g)**
- **1 Pck. Käse-Sahne-Tortencreme**
- **200 ml Prosecco**
- **500 ml (½ l) Schlagsahne**
- **250 g Zitronenjoghurt**

Zum Verzieren und Garnieren:
- **250 ml (¼ l) Schlagsahne**
- **1 Pck. Vanillin-Zucker**
- **1 Pck. (75 g) Erfrischungsstäbchen**

1 Für den Teig Butter oder Margarine mit Handrührgerät mit Rührbesen auf höchster Stufe geschmeidig rühren. Nach und nach Zucker, Zitronenschale und Salz unterrühren. So lange rühren, bis eine gebundene Masse entstanden ist.

2 Eier nach und nach (jedes Ei etwa ½ Minute) unterrühren. Mehl mit Backpulver mischen, abwechselnd portionsweise mit der Milch auf mittlerer Stufe unterrühren. Den Teig auf ein Backblech (30 x 40 cm, gefettet, mit Backpapier belegt) geben und glatt streichen. Das Backblech in den Backofen schieben.

Ober-/Unterhitze:
etwa 200 °C (vorgeheizt)
Heißluft: etwa 180 °C (vorgeheizt)
Gas: Stufe 3–4 (vorgeheizt)
Backzeit: etwa 25 Min.

3 Das Backblech auf einen Kuchenrost stellen. Den Gebäckboden erkalten lassen und einen Backrahmen darumstellen.

4 Für den Belag Mandarinen in einem Sieb abtropfen lassen und auf dem Gebäckboden verteilen. Tortencreme nach Packungsanleitung, aber mit 200 ml Prosecco, 500 ml Sahne und 250 g Zitronenjoghurt zubereiten. Die Creme auf die Mandarinen geben und glatt streichen. Den Kuchen 2–3 Stunden kalt stellen.

5 Den Backrahmen lösen und entfernen. Den Kuchen in etwa 15 x 15 cm große Quadrate schneiden, diese diagonal halbieren, so dass Dreiecke entstehen. Auf einer Kuchenplatte anrichten.

6 Zum Verzieren und Garnieren Sahne mit Vanillin-Zucker steif schlagen und in einen Spritzbeutel mit Lochtülle füllen. Tuffs auf die Dreiecke spritzen und mit Erfrischungsstäbchen garnieren.

Knusper-Mohn-Schnittchen

Zubereitungszeit: 30 Min., ohne Auftau-, Ruhe- und Kühlzeit
Backzeit: 12–15 Min.

Insgesamt:
E: 81 g, F: 261 g, Kh: 336 g, kJ: 16776, kcal: 4010

- **1 Pck. (450 g) TK-Blätterteig**
- **1–2 EL Wasser**
- **2 EL Zucker**

Für die Mohnsahne:
- **8 Blatt weiße Gelatine**
- **750 g Mohn-Marzipan-Joghurt**
- **1 Becher (150 g) Crème fraîche**
- **1 Pck. Vanillin-Zucker**
- **1 EL Zitronensaft**
- **250 ml (¼ l) Schlagsahne**

Zum Garnieren:
- **100 g Physalis (Kapstachelbeeren)**

1 Blätterteigplatten nebeneinander nach Packungsanleitung auftauen lassen. Jede Teigplatte in Streifen (rechteckige Platten in 3–4, quadratische Platten in 2 Streifen) schneiden. Die Teigstreifen auf ein Backblech (mit Backpapier belegt) legen. Teigstreifen mehrmals mit einer Gabel einstechen, mit Wasser bestreichen, mit Zucker bestreuen und etwa 15 Minuten ruhen lassen.

2 Das Backblech in den Backofen schieben.

Ober-/Unterhitze:
etwa 200 °C (vorgeheizt)
Heißluft: etwa 180 °C (vorgeheizt)
Gas: Stufe 3–4 (vorgeheizt)
Backzeit: 12–15 Min.

3 Die Gebäckstreifen mit dem Backpapier vom Backblech auf einen Kuchenrost ziehen und erkalten lassen. Jeden Gebäckstreifen einmal waagerecht durchschneiden.

4 Für die Mohnsahne Gelatine in kaltem Wasser nach Packungsanleitung einweichen. Joghurt mit Crème fraîche und Vanillin-Zucker verrühren. Gelatine leicht ausdrücken und in einem kleinen Topf mit dem Zitronensaft unter Rühren erwärmen (nicht kochen), bis sie völlig gelöst ist.

5 Gelatine mit einigen Löffeln von der Joghurtcreme verrühren, dann mit der restlichen Joghurtcreme gut verrühren. Joghurtcreme kalt stellen. Sahne steif schlagen. Wenn die Joghurtcreme anfängt dicklich zu werden, Sahne unterheben und in einen Spritzbeutel mit großer Sterntülle füllen.

6 Joghurt-Sahne-Creme auf die unteren Gebäckstreifen spritzen. Obere Gebäckstreifen darauf legen und kleine Tuffs darauf spritzen. Kalt stellen.

7 Zum Garnieren Physalis aus der Blätterhülle lösen, waschen, trockentupfen und halbieren. Die Schnittchen mit den Physalishälften garnieren.

■ **Tipp:**
Wenn Sie keinen Mohn-Marzipan-Joghurt bekommen, können Sie auch Vanillejoghurt mit 2 Esslöffeln Mohnsamen und 1 Päckchen Finesse Amaretto-Mandel verrühren.

Erdbeer-Kasten-Charlotte

**Zubereitungszeit: 65 Min.,
ohne Kühlzeit
Backzeit: etwa 8 Min.**

**Insgesamt:
E: 46 g, F: 88 g, Kh: 434 g,
kJ: 11460, kcal: 2736**

Für den Biskuitteig:
- 3 Eier (Größe M)
- 100 g Zucker
- 1 Pck. Vanillin-Zucker
- 50 g Weizenmehl
- 25 g Speisestärke
- 1 gestr. TL Backpulver

- 150 g Erdbeerkonfitüre

Für die Erdbeer-Sahne-Füllung:
- 250 g Erdbeeren
- 4 Blatt weiße Gelatine
- 1 Becher (150 g) Vanillejoghurt
- 50 g Zucker
- 200 ml Schlagsahne

Außerdem:
- 100 g Aprikosenkonfitüre
- 3 EL Wasser

1 Für den Teig Eier mit Handrührgerät mit Rührbesen auf höchster Stufe in 1 Minute schaumig schlagen. Zucker und Vanillin-Zucker mischen, in 1 Minute einstreuen, dann noch etwa 2 Minuten schlagen.

2 Mehl mit Speisestärke und Backpulver mischen, auf die Eiercreme sieben und kurz auf niedrigster Stufe unterrühren. Den Teig auf einem Backblech (30 x 40 cm, gefettet, mit Backpapier belegt) glatt streichen. Das Backblech sofort in den Backofen schieben.

Ober-/Unterhitze:
etwa 200 °C (vorgeheizt)
Heißluft: etwa 180 °C (vorgeheizt)
Gas: Stufe 3–4 (vorgeheizt)
Backzeit: etwa 8 Min.

3 Biskuitplatte sofort nach dem Backen auf ein mit Zucker bestreutes Backpapier stürzen (mitgebackenes Papier nicht abziehen!) und erkalten lassen. Erst dann das Backpapier abziehen. Biskuitplatte vorsichtig von dem mit Zucker bestreuten Backpapier lösen und die restliche „Haut" entfernen. Von der kurzen Seite der Biskuitplatte einen etwa 11 cm breiten Streifen abschneiden und für den Boden beiseite legen.

4 Konfitüre durch ein Sieb streichen, Biskuitplatte damit bestreichen. Biskuitplatte von der längeren Seite her vorsichtig aufrollen.

Die Rolle in 17 gut $1^1/_2$ cm breite Scheiben schneiden. Eine Kastenform (25 x 11 cm) möglichst glatt mit Frischhaltefolie auslegen. Boden und die langen Seiten der Form jeweils mit 5 Scheiben der Biskuitrolle auskleiden, die kurzen Seiten jeweils mit 1 Scheibe.

5 Für die Füllung Erdbeeren waschen, gut abtropfen lassen, entstielen und in kleine Stücke schneiden. Gelatine in kaltem Wasser nach Packungsanleitung einweichen. Joghurt mit Zucker verrühren. Gelatine leicht ausdrücken, in einem kleinen Topf unter Rühren erwärmen (nicht kochen), bis sie völlig gelöst ist. Zunächst 2–3 Esslöffel von dem Joghurt unter die Gelatine rühren, dann mit dem restlichen Joghurt verrühren.

6 Sahne steif schlagen. Wenn die Joghurtmasse beginnt dicklich zu werden, Sahne und Erdbeerstücke unterheben. Die Erdbeer-Sahne-Füllung in die vorbereitete Kastenform füllen und glatt streichen. Den beiseite gelegten Biskuitstreifen für den Boden auflegen, leicht andrücken und mindestens 2 Stunden kalt stellen.

(Fortsetzung Seite 16)

7 Die Charlotte auf eine Kuchen-platte stürzen und die Folie vor-sichtig abziehen. Aprikosenkonfitüre durch ein Sieb streichen, mit Wasser in einem kleinen Topf unter Rühren aufkochen lassen und mithilfe eines Pinsels vorsichtig auf die Charlotte streichen.

■ Tipp:

Für einen besseren Halt der Frischhal-tefolie die Kastenform vor dem Aus-legen etwas einfetten.

Frische Kirschschnitten

Zubereitungszeit: 35 Min.,
ohne Kühlzeit
Backzeit: etwa 30 Min.

Insgesamt:
E: 91 g, F: 286 g, Kh: 443 g,
kJ: 19655, kcal: 4698

Für den Schüttelteig:
- **200 g Weizenmehl**
- **2 gestr. TL Backpulver**
- **100 g Zucker**
- **1 Pck. Vanillin-Zucker**
- **3 Eier (Größe M)**
- **150 g zerlassene, abgekühlte Butter oder Margarine**
- **6 EL Milch**

Für den Belag:
- **6 Blatt weiße Gelatine**
- **3 Becher (je 150 g) Kirschjoghurt**
- **200 ml Schlagsahne**
- **1 EL gesiebter Puderzucker**

Zum Garnieren:
- **1 Pck. (200 g) CHOCO CROSSIES® CLASSIC**

1 Für den Teig Mehl mit Backpul-ver mischen, in eine verschließ-bare Schüssel (3-Liter-Inhalt) sieben, mit Zucker und Vanillin-Zucker mischen. Eier, Butter oder Margarine und Milch hinzufügen, Schüssel mit dem Deckel fest verschließen. Mehr-mals (insgesamt 15–30 Sekunden) kräftig schütteln, so dass alle Zutaten gut vermischt sind. Alles mit einem Rührlöffel nochmals sorgfältig durchrühren, damit vor allem trockene Zutaten vom Rand mit unter-gerührt werden.

2 Einen Backrahmen (25 x 25 cm) auf ein Backblech (30 x 40 cm, gefettet, mit Backpapier belegt) setzen. Teig in den Backrahmen füllen und glatt streichen. Das Backblech in den Backofen schieben.

Ober-/Unterhitze:
etwa 180 °C (vorgeheizt)
Heißluft: etwa 160 °C (vorgeheizt)
Gas: Stufe 2–3 (vorgeheizt)
Backzeit: etwa 30 Min.

3 Das Backblech auf einen Ku-chenrost stellen. Gebäckboden im Backrahmen erkalten lassen.

4 Für den Belag Gelatine in kal-tem Wasser nach Packungsan-leitung einweichen, dann leicht aus-drücken. Die ausgedrückte Gelatine in einem kleinen Topf unter Rühren erwärmen (nicht kochen), bis sie völlig gelöst ist.

5 Joghurt in eine Schüssel geben, 1–2 Esslöffel davon mit der auf-gelösten Gelatine verrühren, restli-chen Joghurt unterrühren und kalt stellen. Sahne mit Puderzucker steif schlagen. Wenn die Joghurtmasse anfängt dicklich zu werden, Sahne unterheben. Sahne-Joghurt-Masse auf den Gebäckboden streichen und kalt stellen.

6 Den Backrahmen vorsichtig mit einem Messer lösen und entfer-nen. Kuchen in Schnitten schneiden und mit CHOCO CROSSIES® CLASSIC garnieren.

® Société des Produits Nestlé S.A.

Pflaumen-Mohn-Schnitten

**Zubereitungszeit: 75 Min.,
ohne Kühlzeit
Backzeit: 15–20 Min.**

**Insgesamt:
E: 97 g, F: 373 g, Kh: 464 g,
kJ: 23855, kcal: 5693**

Für den Biskuitteig:
- **5 Eier (Größe M)**
- **3 EL heißes Wasser**
- **120 g Zucker**
- **1 Pck. Vanillin-Zucker**
- **125 g Weizenmehl**
- **50 g Speisestärke**
- **2 gestr. TL Backpulver**
- **100 g Mohnsamen**

Für die Pflaumenfüllung:
- **500 g frische Pflaumen**
- **125 ml (⅛ l) Weißwein**
- **30 g Zucker, ½ gestr. TL gemahlener Zimt**
- **20 g Speisestärke**
- **2 EL Wasser**

Für den Belag:
- **400 ml Schlagsahne**
- **2 Pck. Sahnesteif**

Zum Garnieren:
- **500 ml (½ l) Schlagsahne**
- **2 Pck. Sahnesteif**
- **2 Pck. Vanillin-Zucker**
- **50 g Raspelschokolade**

1 Für den Teig Eier und Wasser mit Handrührgerät mit Rührbesen auf höchster Stufe in 1 Minute schaumig schlagen. Zucker mit Vanillin-Zucker mischen, in 1 Minute einstreuen und dann noch etwa 2 Minuten schlagen. Mehl mit Speisestärke und Backpulver mischen, die Hälfte davon auf die Eiercreme sieben, kurz auf niedrigster Stufe unterrühren. Restliches Mehlgemisch auf die gleiche Weise unterarbeiten. Mohn unterheben.

2 Den Teig auf einem Backblech (30 x 40 cm, gefettet, mit Backpapier belegt) glatt streichen. Das Backblech in den Backofen schieben.

**Ober-/Unterhitze:
etwa 180 °C (vorgeheizt)
Heißluft: etwa 160 °C (vorgeheizt)
Gas: 2–3 (vorgeheizt)
Backzeit: 15–20 Min.**

3 Das Backblech auf einen Kuchenrost stellen und die Gebäckplatte erkalten lassen. Die Gebäckplatte 2-mal senkrecht durchschneiden, so dass 3 längliche Gebäckstreifen entstehen. Einen Gebäckstreifen auf eine Platte legen.

4 Für die Pflaumenfüllung Pflaumen waschen, abtrocknen, entstielen, halbieren und entsteinen. Einige Pflaumenhälften zum Garnieren beiseite legen. Restliche Pflaumen in kleine Stücke schneiden und mit Wein, Zucker und Zimt in einem Topf unter Rühren zum Kochen bringen. Unter Rühren etwa 5 Minuten kochen. Speisestärke mit Wasser anrühren, unter die von der Kochstelle genommenen Pflaumen rühren. Das Ganze unter Rühren nochmals kurz aufkochen. Pflaumenfüllung auf dem unteren Gebäckstreifen verstreichen, mittleren Gebäckstreifen darauf legen, leicht andrücken.

5 Für den Belag Sahne mit Sahnesteif steif schlagen und auf dem mittleren Gebäckstreifen verstreichen. Mit dem oberen Gebäckstreifen belegen und kalt stellen.

6 Zum Garnieren Sahne mit Sahnesteif und Vanillin-Zucker steif schlagen. Kuchenoberfläche und -rand mit etwa zwei Drittel der Sahne bestreichen. Restliche Sahne in einen Spritzbeutel mit kleiner Sterntülle geben und kleine Tuffs auf die Oberfläche spritzen. Kuchenrand mit Raspelschokolade bestreuen. Beiseite gelegte Pflaumenhälften in Spalten schneiden und den Kuchenstreifen damit garnieren.

Valentins-Schnittchen

**Zubereitungszeit: 45 Min.,
ohne Kühlzeit**
Backzeit: etwa 15 Min.

Insgesamt:
**E: 202 g, F: 495 g, Kh: 1014 g,
kJ: 39390, kcal: 9040**

Für den Knetteig:
- **300 g Weizenmehl**
- **50 g Speisestärke**
- **1 gestr. TL Backpulver**
- **150 g Zucker**
- **1 Pck. Vanillin-Zucker**
- **1 Prise Salz**
- **150 g Butter
  oder Margarine**
- **2 Eier (Größe M)**

- **1 Glas Sauerkirsch-
  konfitüre (225 g)**
- **250 g Löffelbiskuits**

Für die Füllung:
- **12 Blatt weiße Gelatine**
- **400 g Mascarpone
  (italienischer Frischkäse)**
- **500 g Magerquark**
- **Saft von 1 Zitrone**
- **175 g Zucker**
- **500 ml (¹/₂ l) Schlagsahne**

Zum Verzieren und Garnieren:
- **4 EL Kakaopulver**
- **3 Pck. (je 10 g) lösliches
  Marzipan-Cappuccino-
  Pulver (von Niederegger)**
- **einige Weingummiherzen**

1 Für den Teig Mehl mit Speisestärke und Backpulver mischen und in eine Rührschüssel sieben. Zucker, Vanillin-Zucker, Salz, Butter oder Margarine und Eier hinzufügen. Die Zutaten mit Handrührgerät mit Knethaken zunächst kurz auf niedrigster, dann auf höchster Stufe gut durcharbeiten, anschließend auf einer bemehlten Arbeitsfläche zu einem glatten Teig verkneten. Sollte er kleben, ihn in Folie gewickelt eine Zeit lang kalt stellen.

2 Den Teig auf einem Backblech (30 x 40 cm, gefettet, mit Backpapier begelegt) ausrollen, mehrmals mit einer Gabel einstechen. Das Backlech in den Backofen schieben.

Ober-/Unterhitze:
etwa 200 °C (vorgeheizt)
Heißluft: etwa 180 °C (vorgeheizt)
Gas: Stufe 3–4 (vorgeheizt)
Backzeit: etwa 15 Min.

3 Das Backblech auf einen Kuchenrost stellen. Gebäckboden erkalten lassen und dann mit der Sauerkirschkonfitüre bestreichen. Die Hälfte der Löffelbiskuits mit etwas Abstand darauf verteilen. Einen Backrahmen darumstellen.

4 Für die Füllung Gelatine in kaltem Wasser nach Packungsanleitung einweichen. Mascarpone mit Quark, Zitronensaft und Zucker verrühren. Gelatine leicht ausdrücken und in einem kleinen Topf unter Rühren erwärmen (nicht kochen), bis sie völlig gelöst ist. Gelatine mit 2–3 Esslöffeln von der Mascarponemasse verrühren, dann mit der restlichen Mascarponemasse gut verrühren und kalt stellen.

5 Sahne steif schlagen. Wenn die Masse anfängt dicklich zu werden, Sahne unterheben. Die Hälfte der Creme auf den Löffelbiskuits verstreichen. Eine weitere Schicht Löffelbiskuits darauf verteilen. Restliche Creme darauf geben und glatt streichen. Kuchen etwa 4 Stunden kalt stellen. Backrahmen lösen und entfernen.

6 Zum Verzieren und Garnieren Kakao und Marzipan-Cappuccino-Pulver mischen und eine dicke Schicht auf den Kuchen sieben. Mit Weingummiherzen garnieren.

Beschwipste Zitronenschnitten

**Zubereitungszeit: 50 Min.,
ohne Kühl- und Ruhezeit
Backzeit: 12–15 Min.**

**Insgesamt:
E: 98 g, F: 396 g, Kh: 440 g,
kJ: 24269, kcal: 5822**

■ **1 Pck. (450 g)
TK-Blätterteig
(rechteckig, 6 Platten)**

Für die Creme:
■ **10 Blatt weiße Gelatine**
■ **500 g Crème fraîche**
■ **250 g Speisequark**
■ **125 g Zucker**
■ **100 ml Prosecco**
■ **4 EL Zitronensaft**
■ **400 ml Schlagsahne**

Für den Guss:
■ **70 g gesiebter Puderzucker**
■ **1 EL Blue Curaçao**

■ **einige Gelee-
Zitronenscheiben**

1 Die Blätterteigplatten zugedeckt nebeneinander nach Packungsanleitung auftauen lassen. Jede Teigplatte in 3 Streifen schneiden, auf ein Backblech (mit Backpapier belegt) legen und etwa 15 Minuten ruhen lassen. Teigstreifen mehrmals mit einer Gabel einstechen.

2 Das Backblech in den Backofen schieben.

**Ober-/Unterhitze:
etwa 200 °C (vorgeheizt)
Heißluft: etwa 180 °C (vorgeheizt)
Gas: Stufe 3–4 (vorgeheizt)
Backzeit: 12–15 Min.**

3 Gebäckstreifen auf einem Kuchenrost erkalten lassen. Jeden Gebäckstreifen einmal waagerecht durchschneiden.

4 Für die Creme Gelatine in kaltem Wasser nach Packungsanleitung einweichen. Crème fraîche mit Quark, Zucker und Prosecco verrühren. Gelatine leicht ausdrücken und in einem kleinen Topf mit dem Zitronensaft unter Rühren erwärmen (nicht kochen), bis sie völlig gelöst ist.

5 Die aufgelöste Gelatine zuerst mit einigen Löffeln der Creme verrühren, dann die restliche Creme gut unterrühren. Creme kalt stellen.

6 Sahne steif schlagen. Sobald die Creme anfängt dicklich zu werden, Sahne vorsichtig unterheben. Creme erneut kalt stellen.

7 Die halbfeste Creme in einen Spritzbeutel mit großer Sterntülle füllen und auf die unteren Hälften der Gebäckstreifen Tuffs spritzen. Schnitten kalt stellen.

8 Für den Guss Puderzucker und Curaçao zu einer dickflüssigen Masse verrühren. Auf die oberen Hälften der Gebäckstreifen mithilfe eines Pinsels längs einen Streifen der Masse auftragen. Die Gebäckstreifen auf die vorbereiteten Schnitten legen. Zitronenschnitten mit Gelee-Zitronenscheiben garnieren.

■ **Tipp:**
Sie können den Guss auch aus 70 g gesiebtem Puderzucker, 1 Esslöffel Zitronensaft und 1 Tropfen blauer Speisefarbe zubereiten.

Himbeer-Sekt-Schnitten

Zubereitungszeit: 60 Min.,
ohne Kühlzeit
Backzeit: etwa 12 Min.

Insgesamt:
E: 104 g, F: 247 g, Kh: 796 g,
kJ: 26823, kcal: 6393

Für den Biskuitteig:
- **4 Eier (Größe M)**
- **200 g Zucker**
- **1 Pck. Vanillin-Zucker**
- **1 Pck. Finesse Geriebene Zitronenschale**
- **150 g Weizenmehl**
- **1 gestr. TL Backpulver**
- **50 g zerlassene, abgekühlte Butter**

Für die Himbeerfüllung:
- **8 Blatt rote Gelatine**
- **1 kg frische Himbeeren**
- **150 g Zucker**
- **4 EL Himbeergeist**

Für die Sektcreme:
- **400 ml Schlagsahne**
- **3 Pck. Dessertpulver Aranca Zitronen-Geschmack**
- **600 ml trockener Sekt**

Zum Garnieren:
- **100 g Zartbitterschokolade**
- **2 TL Speiseöl**

1 Für den Teig Eier mit Handrührgerät mit Rührbesen in 1 Minute schaumig schlagen. Zucker, Vanillin-Zucker und Zitronenschale mischen, in 1 Minute einstreuen, dann noch etwa 2 Minuten schlagen.

2 Mehl mit Backpulver mischen, die Hälfte davon auf die Eiercreme sieben, kurz auf niedrigster Stufe unterrühren. Restliches Mehlgemisch auf die gleiche Weise unterarbeiten. Zuletzt Butter vorsichtig unterheben. Den Teig auf ein Backblech (30 x 40 cm, gefettet) geben und glatt streichen. Das Backblech sofort in den Backofen schieben.

Ober-/Unterhitze:
etwa 200 °C (vorgeheizt)
Heißluft: etwa 180 °C (vorgeheizt)
Gas: Stufe 3–4 (vorgeheizt)
Backzeit: etwa 12 Min.

3 Das Backblech auf einen Kuchenrost stellen, Biskuitplatte erkalten lassen. Backrahmen darumstellen.

4 Für die Himbeerfüllung Gelatine in kaltem Wasser nach Packungsanleitung einweichen. Himbeeren verlesen, evtl. waschen und trockentupfen (24 Himbeeren beiseite legen). Restliche Himbeeren pürieren, Zucker und Himbeergeist unterrühren. Gelatine leicht ausdrücken, in einem Topf unter Rühren erwärmen (nicht kochen), bis sie völlig gelöst ist. Gelatine mit 2–3 Esslöffeln von dem Himbeerpüree verrühren, dann mit dem restlichen Himbeerpüree gut verrühren, kalt stellen. Wenn die Masse anfängt dicklich zu werden, auf den Biskuitboden geben, glatt streichen und kalt stellen.

5 Für die Sektcreme Sahne steif schlagen. Aranca mit dem Sekt nach Packungsanleitung zubereiten. Sahne unterheben. Sektcreme gleichmäßig auf der Himbeermasse verteilen und wellenförmig verstreichen. Kuchen etwa 2 Stunden kalt stellen. Backrahmen vorsichtig mit einem Messer lösen und entfernen. Kuchen in Schnitten schneiden.

6 Zum Garnieren Schokolade in Stücke brechen, mit Speiseöl in einem kleinen Topf im Wasserbad bei schwacher Hitze zu geschmeidiger Masse verrühren. Masse in einen Gefrierbeutel geben und eine kleine Spitze abschneiden. Ornamente auf Backpapier spritzen und fest werden lassen. Anschließend die Ornamente lösen. Die Schnitten mit den Ornamenten und den beiseite gelegten Himbeeren garnieren.

Walnuss-Apfel-Schnittchen

Zubereitungszeit: 60 Min., ohne Kühlzeit
Backzeit: 25–30 Min.

Insgesamt:
E: 85 g, F: 333 g, Kh: 378 g, kJ: 20219, kcal: 4827

Für den Teig:
- 2 Eier (Größe M)
- 100 g Zucker
- 60 ml Speiseöl
- 60 ml Milch
- 125 g Weizenmehl
- 2 gestr. TL Backpulver
- 50 g gehackte Walnusskerne

Zum Beträufeln:
- 150 ml Apfelsaft

Für die Füllung:
- 5 Blatt weiße Gelatine
- 200 g Doppelrahm-Frischkäse
- 50 g Zucker
- 1 Pck. Vanillin-Zucker
- 200 g stückiges Apfelkompott oder Apfelmus
- 4 EL Apfelsaft
- 200 ml Schlagsahne

Zum Garnieren:
- 50 g gehackte Walnusskerne
- 30 g Zucker
- 200 ml Schlagsahne
- 1 Pck. Vanillin-Zucker

1 Für den Teig Eier mit Zucker, Speiseöl und Milch mit Handrührgerät mit Rührbesen auf höchster Stufe verrühren. Mehl mit Backpulver mischen, sieben und portionsweise mit den Walnusskernen kurz unterrühren.

2 Den Teig in eine Kastenform (30 x 11 cm, gefettet, gemehlt) füllen und glatt streichen. Die Form auf dem Rost in den Backofen schieben.

Ober-/Unterhitze:
etwa 180 °C (vorgeheizt)
Heißluft: etwa 160 °C (vorgeheizt)
Gas: Stufe 2–3 (vorgeheizt)
Backzeit: 25–30 Min.

3 Den Kuchen etwa 10 Minuten in der Form stehen lassen. Dann auf einen Kuchenrost stürzen und erkalten lassen. Kuchen anschließend zweimal waagerecht durchschneiden. Die Kastenform säubern und so mit Backpapier auslegen, dass die Ränder überstehen. Unteren Kuchenboden hineinlegen und mit etwa 50 ml Apfelsaft beträufeln.

4 Für die Füllung Gelatine in kaltem Wasser nach Packungsanleitung einweichen. Frischkäse mit Zucker, Vanillin-Zucker und Apfelkompott oder -mus glatt rühren. Gelatine leicht ausdrücken und mit dem Apfelsaft in einem kleinen Topf unter Rühren erwärmen (nicht kochen), bis sie völlig gelöst ist. Aufgelöste Gelatine zuerst mit einigen Löffeln Creme verrühren, dann mit der restlichen Creme gut verrühren. Die Frischkäse-Creme kalt stellen.

5 Sahne steif schlagen. Wenn die Frischkäse-Creme anfängt dicklich zu werden, Sahne vorsichtig unterheben. Ein Drittel der Creme auf den unteren Kuchenboden streichen. Mittleren Kuchenboden darauf legen und diesen ebenfalls mit etwa 50 ml Apfelsaft beträufeln, mit einem weiteren Drittel der Creme bestreichen und oberen Kuchenboden darauf legen. Mit dem restlichen Apfelsaft beträufeln und mit der restlichen Creme bestreichen. Kuchen kalt stellen.

6 Zum Garnieren Walnusskerne in einer Pfanne ohne Fett bei schwacher Hitze mit dem Zucker langsam und unter ständigem Rüh-

(Fortsetzung Seite 32)

ren erhitzen, bis der Zucker karamellisiert. Walnusskerne auf einen Teller geben und erkalten lassen.

7 Kuchen mit dem Backpapier aus der Form heben und auf eine Platte legen. Backpapier entfernen. Sahne mit Vanillin-Zucker steif schlagen und die Kuchenoberfläche

und -ränder damit bestreichen. Karamellisierte Walnusskerne in Stücke brechen und den Kuchen damit bestreuen.

Baileys-Espresso-Schnittchen

Zubereitungszeit: 30 Min., ohne Kühl- und Durchziehzeit

Insgesamt:
E: 47 g, F: 218 g, Kh: 371 g, kJ: 16474, kcal: 3931

■ **1 Pck. Wiener Boden, dunkel (400 g, 3 Böden, Ø je 24 cm)**

Zum Beträufeln:
■ **6 EL Baileys (Creamlikör)**
■ **6 EL kalter Espresso**

Für die Creme:
■ **250 g Mascarpone (italienischer Frischkäse)**
■ **2 Pck. Bourbon-Vanille-Zucker**
■ **4 EL Baileys (Creamlikör)**
■ **250 ml (¼ l) Schlagsahne**
■ **1 Pck. Sahnesteif**

Zum Bestäuben:
■ **2 TL Kakaopulver**

■ **30 g Schokoladen-Mokkabohnen**

1 Aus jedem Biskuitboden ein Quadrat von etwa 16 x 16 cm ausschneiden. Aus den Biskuitresten Herzen ausstechen und beiseite legen.

2 Einen Boden auf eine Kuchenplatte legen. Baileys mit Espresso verrühren und den Boden mit einem Drittel der Bailys-Espresso-Mischung beträufeln.

3 Für die Creme Mascarpone mit Vanille-Zucker und Likör gut verrühren. Sahne mit Sahnesteif steif schlagen und unterheben.

4 Ein Drittel der Sahnecreme auf den unteren Biskuitboden streichen. Mit einem zweiten Boden bedecken. Diesen mit einem weiteren Drittel der Baileys-Espresso-Mischung beträufeln und mit einem Drittel der Sahnecreme bestreichen.

Mit dem dritten Boden bedecken, diesen mit der restlichen Baileys-Espresso-Mischung beträufeln und der restlichen Sahnecreme bestreichen.

5 Kuchen kalt stellen und mindestens 2 Stunden durchziehen lassen.

6 Zum Bestäuben die Kuchenoberfläche nach Belieben mit einer Gitterschablone belegen und mit Kakao bestäuben. Die Schablone vorsichtig abheben. Den Kuchen mit Mokkabohnen und den beiseite gestellten Herzen garnieren und in etwa 10 Schnittchen schneiden.

■ **Tipp:**

Wenn Sie keine Espressomaschine haben, können Sie den Espresso auch aus löslichem Pulver zubereiten oder den Espresso durch starken Kaffee ersetzen.

Birnenschnitten

Zubereitungszeit: 60 Min.,
ohne Kühlzeit
Backzeit: etwa 20 Min.

Insgesamt:
E: 85 g, F: 335 g, Kh: 580 g,
kJ: 23827, kcal: 5695

Für den Knetteig:
- **250 g Weizenmehl**
- **65 g Zucker**
- **1 Prise Salz**
- **1 Ei (Größe M)**
- **150 g Butter**
  oder Margarine

Für den Belag:
- **6 Blatt weiße Gelatine**
- **2 Dosen Birnenhälften**
  (Abtropfgewicht je 460 g)
- **250 g Sahnequark**
- **100 g Zucker**
- **Saft und abgeriebene**
  Schale von 1 Bio-Zitrone
  (unbehandelt, ungewachst)
- **500 ml (½ l) Schlagsahne**

- **Raspelschokolade**

1 Für den Teig Mehl in eine Rührschüssel sieben. Zucker, Salz, Ei und Butter oder Margarine hinzufügen. Die Zutaten mit Handrührgerät mit Knethaken zunächst kurz auf niedrigster, dann auf höchster Stufe gut durcharbeiten.

2 Anschließend auf einer bemehlten Arbeitsfläche zu einem glatten Teig verkneten. Sollte der Teig kleben, ihn in Folie gewickelt 20–30 Minuten kalt stellen.

3 Den Teig auf einem Backblech (30 x 40 cm, gefettet) ausrollen. Teigboden mehrmals mit einer Gabel einstechen. Das Backblech in den Backofen schieben.

Ober-/Unterhitze:
etwa 200 °C (vorgeheizt)
Heißluft: etwa 180 °C (vorgeheizt)
Gas: Stufe 3–4 (vorgeheizt)
Backzeit: etwa 20 Min.

4 Das Backblech auf einen Kuchenrost stellen. Den Gebäckboden auf dem Backblech erkalten lassen.

5 Für den Belag Gelatine in kaltem Wasser nach Packungsanleitung einweichen. Birnenhälften zum Abtropfen in ein Sieb geben. Die Gebäckplatte mit den Birnenhälften belegen.

6 Quark, Zucker, Zitronensaft und -schale verrühren. Eingeweichte Gelatine leicht ausdrücken und in einem kleinen Topf unter Rühren erwärmen (nicht kochen), bis die Gelatine völlig gelöst ist. Gelatine mit einigen Löffeln von der Quarkmasse verrühren, dann die restliche Quarkmasse unterrühren. Sahne steif schlagen und vorsichtig unterheben. Die Quark-Sahne-Masse auf den Birnenhälften verteilen. Den Kuchen 2–3 Stunden kalt stellen.

7 Den Kuchen in Schnitten schneiden und mit Raspelschokolade bestreuen.

- **Tipp:**
Gut schmecken die Schnitten auch, wenn sie statt mit Schokoladenraspeln mit Zimt-Zucker bestreut werden.

Kokosschnittchen

**Zubereitungszeit: 50 Min.,
ohne Kühlzeit
Backzeit: etwa 30 Min.**

**Insgesamt:
E: 102 g, F: 448 g, Kh: 839 g,
kJ: 32636, kcal: 7799**

Für den Rührteig:
- **180 g Bounty®-Riegel (Zartherb)**
- **200 g Butter oder Margarine, 150 g Zucker**
- **1 Pck. Vanillin-Zucker**
- **4 Eier (Größe M)**
- **250 g Weizenmehl**
- **50 g Speisestärke**
- **3 gestr. TL Backpulver**
- **2–3 EL Milch**
- **100 g Raspelschokolade (Zartbitter)**

Zum Bestreichen:
- **200 g Orangenmarmelade**

Für den Belag:
- **8 Blatt weiße Gelatine**
- **125 g Zucker**
- **1 Dose (400 ml) Kokosnussmilch (ungesüßt)**
- **400 ml Schlagsahne**

Zum Garnieren:
- **50 g Kokos-Chips**
- **50 g Raspelschokolade**

1 Für den Teig Bounty®-Riegel in kleine Stücke schneiden. Butter oder Margarine mit Handrührgerät mit Rührbesen auf höchster Stufe geschmeidig rühren. Nach und nach Zucker und Vanillin-Zucker unterrühren, so lange rühren, bis eine gebundene Masse entstanden ist.

2 Eier nach und nach unterrühren (jedes Ei etwa $1/2$ Minute). Mehl mit Speisestärke und Backpulver mischen und sieben. Abwechselnd portionsweise mit Milch, Bounty®-Stückchen und Schokolade auf mittlerer Stufe unterrühren.

3 Den Teig auf ein Backblech (30 x 40 cm, gefettet) geben und glatt streichen. Das Backblech in den Backofen schieben.

**Ober-/Unterhitze:
etwa 180 °C (vorgeheizt)
Heißluft: etwa 160 °C (vorgeheizt)
Gas: Stufe 2–3 (vorgeheizt)
Backzeit: etwa 30 Min.**

4 Das Backblech auf einen Kuchenrost stellen. Gebäckboden erkalten lassen und mit der Orangenmarmelade bestreichen.

5 Für den Belag Gelatine in kaltem Wasser nach Packungsanleitung einweichen. Zucker mit der Kokosnussmilch verrühren. Gelatine leicht ausdrücken und in einem kleinen Topf unter Rühren erwärmen (nicht kochen), bis sie völlig gelöst ist.

6 Die aufgelöste Gelatine mit einigen Löffeln von der Kokosnussmilch verrühren. Dann mit der restlichen Kokosnussmilch gut verrühren und kalt stellen.

7 Sahne steif schlagen. Sobald die Gelatine-Kokos-Mischung anfängt dicklich zu werden, Sahne unterheben. Kokoscreme auf den Gebäckboden geben und mit einem Esslöffel wellenförmig verstreichen. Kuchen kalt stellen.

8 Zum Garnieren Kokos-Chips in einer Pfanne ohne Fett leicht rösten und erkalten lassen. Kuchenoberfläche mit Kokos-Chips und Raspelschokolade garnieren. Kuchen in etwa 20 Schnittchen schneiden.

■ Tipp:
Sie können die Kokosschnittchen bereits am Vortag zubereiten. Die Kokos-Chips können Sie auch durch Kokosraspel ersetzen.

® Registered trademark of Masterfoods

Marzipan-Orangen-Schnitten

Zubereitungszeit: 50 Min., ohne Kühlzeit
Backzeit: etwa 30 Min.

Insgesamt:
E: 188 g, F: 499 g, Kh: 950 g, kJ: 37912, kcal: 9052

Für den Rührteig:
- **200 g Marzipan-Rohmasse**
- **200 g Butter oder Margarine**
- **200 g Zucker, 1 Prise Salz**
- **6 Eier (Größe M)**
- **300 g Weizenmehl**
- **3 gestr. TL Backpulver**
- **2 Pck. (je 10 g) lösliches Marzipan-Cappuccino-Pulver (Niederegger)**

Zum Tränken:
- **150 ml Orangensaft**

Für die Creme:
- **12 Blatt weiße Gelatine**
- **1 kg Vanillejoghurt**
- **150 g Zucker**
- **2 Pck. Finesse Orangenfrucht**
- **150 ml Orangensaft**
- **400 ml Schlagsahne**

Zum Garnieren:
- **2 Orangen (ungewachst)**

- **2 Pck. Marzipankugeln mit Orangen- oder Amarettogeschmack (je 75 g, Marzipanos, Niederegger)**

1 Für den Teig Marzipan-Rohmasse in kleine Würfel schneiden. Butter oder Margarine mit Handrührgerät mit Rührbesen auf höchster Stufe geschmeidig rühren. Marzipanwürfel auf höchster Stufe unterrühren. Nach und nach Zucker und Salz unterrühren. So lange rühren, bis eine gebundene Masse entstanden ist.

2 Eier nach und nach unterrühren (jedes Ei etwa 1/2 Minute). Mehl mit Backpulver und Marzipan-Cappuccino-Pulver mischen und sieben, portionsweise auf mittlerer Stufe unterrühren.

3 Einen Backrahmen auf ein Backblech (30 x 40 cm, gefettet) stellen. Den Teig hineingeben und glatt streichen. Das Backblech in den Backofen schieben.

Ober-/Unterhitze: etwa 180 °C (vorgeheizt)
Heißluft: etwa 160 °C (vorgeheizt)
Gas: Stufe 2–3 (vorgeheizt)
Backzeit: etwa 30 Min.

4 Das Backblech auf einen Kuchenrost stellen und den Boden erkalten lassen. Gebäckboden mit Orangensaft tränken.

5 Für die Creme Gelatine in kaltem Wasser nach Packungsanleitung einweichen. Joghurt mit Zucker und Orangenfrucht verrühren. Gelatine leicht ausdrücken und in einem kleinen Topf unter Rühren mit dem Orangensaft erwärmen (nicht kochen), bis sie völlig gelöst ist.

6 Aufgelöste Gelatine mit einigen Löffeln Orangencreme verrühren, die restliche Orangencreme gut unterrühren. Creme kalt stellen.

7 Sahne steif schlagen. Sobald die Orangencreme anfängt dicklich zu werden, Sahne unterheben. Sahne-Orangen-Creme auf den Gebäckboden geben, glatt streichen und mit einem Tortengarnierkamm wellenartig verzieren. Kuchen kalt stellen.

8 Orangen waschen, abtrocknen und so schälen, dass die weiße Haut mit entfernt wird. Orangen in dünne Scheiben schneiden und halbieren. Backrahmen lösen und entfernen. Kuchen in Schnitten teilen. Jede Schnitte mit Orangenscheiben und Marzipanos garnieren.

Fanta-Fantastisch-Schnitten*

Zubereitungszeit: 65 Min.,
ohne Kühlzeit
Backzeit: etwa 15 Min.

Insgesamt:
E: 84 g, F: 283 g, Kh: 517 g,
kJ: 20994, kcal: 5006

Für den Biskuitteig:
- 4 Eier (Größe M)
- 2 EL heißes Wasser
- 100 g Zucker
- 1 Pck. Vanillin-Zucker
- 100 g Weizenmehl
- 50 g Speisestärke
- 1 gestr. TL Backpulver

Für den Belag:
- 2 Pck. Aranca-Dessertpulver Zitronen-Geschmack
- 300 ml Fanta Orange
- 400 ml Schlagsahne
- 600 g frische gemischte Beeren (z. B. Erdbeeren, Himbeeren, Brombeeren)

Zum Garnieren:
- 6 Blatt weiße Gelatine
- 500 ml (½ l) Fanta Orange
- 400 ml Schlagsahne
- 2 Pck. Sahnesteif

1 Für den Teig Eier und Wasser mit Handrührgerät mit Rührbesen auf höchster Stufe in 1 Minute schaumig schlagen. Zucker und Vanillin-Zucker mischen, in 1 Minute einstreuen, dann noch etwa 2 Minuten schlagen. Mehl, Speisestärke und Backpulver mischen. Die Hälfte davon auf die Eiercreme sieben, kurz auf niedrigster Stufe unterrühren. Restliches Mehlgemisch auf die gleiche Weise unterarbeiten.

2 Den Teig auf ein Backblech (30 x 40 cm, gefettet) geben und glatt streichen. Das Backblech in den Backofen schieben.

Ober-/Unterhitze:
etwa 200 °C (vorgeheizt)
Heißluft: etwa 180 °C (vorgeheizt)
Gas: Stufe 3–4 (vorgeheizt)
Backzeit: etwa 15 Min.

3 Das Backblech auf einen Kuchenrost stellen. Biskuitplatte erkalten lassen und einen Backrahmen darumstellen.

4 Für den Belag Aranca nach Packungsanleitung, jedoch nur mit der Fanta (ohne Joghurt) zubereiten. Sahne steif schlagen und unterheben. Creme kalt stellen.

5 Beeren verlesen, waschen, abtropfen lassen, entstielen und trockentupfen. Die Hälfte der Creme auf die Biskuitplatte geben und glatt streichen. Vorbereitete Beeren darauf verteilen. Restliche Creme auf den Beeren verstreichen. Kuchen 2–3 Stunden kalt stellen.

6 Zum Garnieren Gelatine in kaltem Wasser nach Packungsanleitung einweichen. Gelatine leicht ausdrücken und mit der Fanta in einem Topf erwärmen (nicht kochen), bis sie vollständig gelöst ist. In eine flache Schüssel füllen und kalt stellen, bis das Fanta-Gelee fest geworden ist.

7 Sahne mit Sahnesteif steif schlagen, in einen Spritzbeutel mit Lochtülle füllen und ein großes Gittermuster auf die Kuchenoberfläche spritzen. Backrahmen lösen und entfernen. Fanta-Gelee stürzen und in Würfel schneiden. Geleewürfel in den Zwischenräumen des Sahnegitters verteilen. Kuchen in Schnitten schneiden und bis zum Servieren kalt stellen.

* Rezept nicht durch Coca-Cola autorisiert.

Milchreis-Schnittchen

Zubereitungszeit: 60 Min., ohne Kühlzeit
Backzeit: etwa 30 Min.

Insgesamt:
E: 127 g, F: 357 g, Kh: 825 g, kJ: 29503, kcal: 7036

Für den Rührteig:
- **200 g Butter oder Margarine**
- **200 g Zucker**
- **1 Pck. Vanillin-Zucker**
- **1 Pck. Finesse Orangenfrucht**
- **1 Prise Salz**
- **5 Eier (Größe M)**
- **300 g Weizenmehl**
- **3 gestr. TL Backpulver**
- **4 EL Orangensaft**

Für den Belag:
- **2 Dosen Pfirsichhälften (Abtropfgewicht je 470 g)**
- **8 Blatt weiße Gelatine**
- **4 Becher (je 200 g) Milchreis Vanille-Geschmack (Kühlregal)**
- **400 ml Schlagsahne**

Für den Guss:
- **500 ml (½ l) Pfirsichsaft (evtl. mit Wasser aufgefüllt)**
- **2 Pck. Tortenguss, klar**

1 Für den Teig Butter oder Margarine mit Handrührgerät mit Rührbesen auf höchster Stufe geschmeidig rühren. Nach und nach Zucker, Vanillin-Zucker, Orangenfrucht und Salz unterrühren. So lange rühren, bis eine gebundene Masse entstanden ist.

2 Eier nach und nach unterrühren (jedes Ei etwa ½ Minute). Mehl mit Backpulver mischen, sieben und abwechselnd portionsweise mit Orangensaft auf mittlerer Stufe unterrühren.

3 Den Teig auf ein Backblech (30 x 40 cm, gefettet) geben und glatt streichen. Das Backblech in den Backofen schieben.

Ober-/Unterhitze:
etwa 180 °C (vorgeheizt)
Heißluft: etwa 160 °C (vorgeheizt)
Gas: Stufe 2–3 (vorgeheizt)
Backzeit: etwa 30 Min.

4 Das Backblech auf einen Kuchenrost stellen und den Gebäckboden erkalten lassen.

5 Für den Belag Pfirsichhälften in einem Sieb abtropfen lassen, dabei den Saft auffangen. Die Pfirsichhälften in Spalten schneiden. Den Gebäckboden mit etwa 10 Esslöffeln von dem Pfirsichsaft tränken.

6 Gelatine in kaltem Wasser nach Packungsanleitung einweichen. Milchreis in eine Rührschüssel geben. Gelatine leicht ausdrücken und in einem kleinen Topf mit 8 Esslöffeln von dem Pfirsichsaft unter Rühren erwärmen (nicht kochen), bis sie völlig gelöst ist.

7 Gelatine zuerst mit 2–3 Esslöffeln von dem Milchreis verrühren, dann mit dem restlichen Milchreis gut verrühren. Sahne steif schlagen und unterheben.

8 Sahne-Milchreis auf den Gebäckboden geben und glatt streichen. Pfirsichspalten dachziegelartig darauf verteilen. Kuchen kalt stellen.

9 Für den Guss aus Tortengusspulver und Pfirsichsaft (jedoch ohne Zucker) nach Packungsanleitung einen Guss bereiten. Guss vorsichtig auf den Pfirsichspalten verteilen und fest werden lassen. Kuchen kalt stellen und anschließend in etwa 20 Schnittchen schneiden.

EINFACH

Festtags-Schnittchen

Zubereitungszeit: 100 Min., ohne Kühlzeit
Backzeit: 10–12 Min. je Backblech

Insgesamt:
E: 132 g, F: 570 g, Kh: 907 g, kJ: 38854, kcal: 9281

Zum Vorbereiten:
- 100 g Vollmilch-Kuvertüre
- 400–500 ml Schlagsahne
- 1 Pck. Bourbon-Vanille-Zucker

Für den Biskuitteig:
- 6 Eier (Größe M)
- 300 g Zucker
- 150 g Weizenmehl
- 150 g Speisestärke
- 75 g gesiebtes Kakaopulver
- 3 gestr. TL Backpulver
- 150 g zerlassene, abgekühlte Butter

Zum Aprikotieren:
- 4 EL Aprikosenkonfitüre
- 2 EL Wasser

Für die Pudding-Sahne-Creme:
- 1 Pck. Pudding-Pulver Schokoladen-Geschmack
- 40 g Zucker
- 200 ml Milch
- 250 ml (¼ l) Schlagsahne

- 30 g abgezogene, gehackte Mandeln

Zum Garnieren:
- 200 g Zartbitterschokolade
- 25 g Kokosfett
- einige vorbereitete Kirschen und Erdbeeren mit Stiel
- Bananenscheiben
- 50 g Marzipan-Rohmasse
- einige Tropfen grüne Speisefarbe, Puderzucker

1 Zum Vorbereiten Kuvertüre in kleine Stücke hacken. Sahne mit Vanille-Zucker in einem Topf erhitzen, Kuvertüre hinzufügen und unter Rühren auflösen. Schokoladensahne in eine Schüssel füllen und zugedeckt über Nacht kalt stellen.

2 Für den Teig Eier mit Handrührgerät mit Rührbesen auf höchster Stufe in 1 Minute schaumig schlagen, Zucker in 1 Minute einstreuen, dann noch etwa 2 Minuten schlagen. Mehl mit Speisestärke, Kakao und Backpulver mischen, die Hälfte auf die Eiercreme sieben, kurz auf niedrigster Stufe unterrühren. Restliches Mehlgemisch ebenso unterarbeiten. Butter unterheben. Den Teig gleichmäßig auf 3 Backbleche (30 x 40 cm, mit Backpapier belegt) streichen, an der offenen Seite des

Backbleches das Papier unmittelbar vor dem Teig zur Falte knicken, so dass ein Rand entsteht. Die Backbleche nacheinander (bei Heißluft zusammen) in den Backofen schieben.

Ober-/Unterhitze:
etwa 200 °C (vorgeheizt)
Heißluft: etwa 180 °C (vorgeheizt)
Gas: Stufe 3–4 (vorgeheizt)
Backzeit: 10–12 Min. je Backblech.

3 Biskuitplatten jeweils auf ein mit Zucker bestreutes Backpapier stürzen. Mitgebackenes Backpapier vorsichtig abziehen und die Biskuitplatten erkalten lassen.

4 Zum Aprikotieren Konfitüre durch ein Sieb streichen, mit Wasser in einem kleinen Topf zum Kochen bringen und unter Rühren etwas einkochen lassen. Konfitüre auf eine Biskuitplatte streichen und beiseite legen.

5 Für die Pudding-Sahne-Creme aus Pudding-Pulver, Zucker und Milch nach Packungsanleitung einen Pudding zubereiten. Pudding erkalten lassen, dabei ab und zu umrühren. Sahne steif schlagen, mit Mandeln unter den erkalteten Pudding rühren.

(Fortsetzung Seite 46)

Creme auf die zweite Biskuitplatte streichen, dritte Platte darauf legen.

6 Die vorbereitete Schokoladensahne sehr steif schlagen, auf die dritte Biskuitplatte streichen. Die beiseite gelegte aprikotierte Biskuitplatte darauf legen und kalt stellen.

7 Zum Garnieren Schokolade in Stücke brechen und mit Kokosfett in einem kleinen Topf im Wasserbad unter Rühren schmelzen. Kirschen, Erdbeeren und Bananenscheiben damit überziehen, auf Backpapier legen und fest werden lassen. Marzipan-Rohmasse auf einer mit

Puderzucker bestäubten Arbeitsfläche mit einigen Tropfen Speisefarbe verkneten und ausrollen. Blätter ausschneiden und mit einem Messerrücken markieren. Kuchen mit Schokofrüchten und Marzipanblättern garnieren. Gekühlt servieren.

Fruchtflieger

Zubereitungszeit: 60 Min.,
ohne Kühlzeit
Backzeit: etwa 15 Min.

Insgesamt:
E: 46 g, F: 261 g, Kh: 324 g,
kJ: 16124, kcal: 3848

Für den Knetteig:
- **150 g Weizenmehl**
- **75 g Zucker**
- **1 Ei (Größe M)**
- **75 g Butter oder Margarine**
- **50 g gemahlene Haselnusskerne**

Für den Belag:
- **500 ml (¹/₂ l) Schlagsahne**
- **2 Pck. Sahnesteif**
- **2 Pck. Vanillin-Zucker**

Für den Guss:
- **1 Pck. Tortenguss, klar**
- **20 g Zucker**
- **200 ml Traubensaft**

- **1 Pck. (300 g) aufgetaute TK-Waldbeeren**
- **Puderzucker**

1 Für den Teig Mehl in eine Rührschüssel sieben. Zucker, Ei, Butter oder Margarine und Haselnusskerne hinzufügen. Die Zutaten mit Handrührgerät mit Knethaken zunächst kurz auf niedrigster, dann auf höchster Stufe gut durcharbeiten. Danach auf einer bemehlten Arbeitsfläche zu einem glatten Teig verkneten. Sollte er kleben, ihn in Folie gewickelt eine Zeit lang kalt stellen.

2 Den Teig auf der bemehlten Arbeitsfläche zu einem Quadrat (etwa 32 x 32 cm) ausrollen und in 16 Quadrate (etwa 8 x 8 cm) schneiden. 8 Quadrate diagonal durchschneiden, so dass Dreiecke entstehen. Teigstücke auf ein Backblech (mit Backpapier belegt) legen. Das Backblech in den Backofen schieben.

Ober-/Unterhitze:
etwa 180 °C (vorgeheizt)
Heißluft: etwa 160 °C (vorgeheizt)
Gas: Stufe 2–3 (vorgeheizt)
Backzeit: etwa 15 Min.

3 Für den Belag Sahne mit Sahnesteif und Vanillin-Zucker steif schlagen und in einen Spritzbeutel mit gezackter Tülle füllen. Auf 8 Gebäckquadrate diagonal je 2 dicke Streifen Sahne in der Mitte nebeneinander spritzen. Je 2 Gebäckdreiecke als Flügel daran setzen. Gebäcke etwa 30 Minuten kalt stellen.

4 Für den Guss Tortengusspulver mit Zucker und Saft nach Packungsanleitung zubereiten, die Beerenmischung vorsichtig unterheben. Die Beerenmasse mit einem Esslöffel zwischen den Flügeln verteilen und erkalten lassen. Die Fruchtflieger mit Puderzucker bestäubt servieren.

Domino-Schnittchen

Zubereitungszeit: 40 Min.,
ohne Kühlzeit
Backzeit: etwa 15 Min.

Insgesamt:
E: 86 g, F: 278 g, Kh: 758 g,
kJ: 24686, kcal: 5889

Für den Biskuitteig:
- **4 Eier (Größe M)**
- **3 EL heißes Wasser**
- **125 g Zucker**
- **1 Pck. Vanillin-Zucker**
- **150 g Weizenmehl**
- **25 g Speisestärke**
- **10 g Kakaopulver**
- **1 Msp. gemahlener Zimt**
- **1 gestr. TL Backpulver**

Für den Belag:
- **2 Gläser Wild-Preiselbeer-Dessert (Abtropfgewicht je 175 g)**
- **1 Pck. Kirsch-Sahne-Tortencreme**
- **600 ml Schlagsahne**
- **100 ml Wasser**
- **1–2 Pck. Schoko-Waffel-Täfelchen**

Zum Verzieren:
- **75 g Puderzucker**
- **etwa 1½ TL heißes Wasser**

1 Für den Teig Eier und Wasser mit Handrührgerät mit Rührbesen auf höchster Stufe in 1 Minute schaumig schlagen. Zucker mit Vanillin-Zucker mischen, in 1 Minute einstreuen, dann noch etwa 2 Minuten schlagen. Mehl mit Speisestärke, Kakao, Zimt und Backpulver mischen. Die Hälfte davon auf die Eiercreme sieben, kurz auf niedrigster Stufe unterrühren. Restliches Mehlgemisch auf die gleiche Weise unterarbeiten.

2 Den Teig auf ein Backblech (30 x 40 cm, gefettet, mit Backpapier belegt) geben und glatt streichen. Das Backblech in den Backofen schieben.

Ober-/Unterhitze:
etwa 200 °C (vorgeheizt)
Heißluft: etwa 180 °C (vorgeheizt)
Gas: Stufe 3–4 (vorgeheizt)
Backzeit: etwa 15 Min.

3 Die Biskuitplatte nach dem Backen auf ein mit Zucker bestreutes Backpapier stürzen, mitgebackenes Backpapier vorsichtig abziehen. Biskuitplatte erkalten lassen und senkrecht halbieren.

4 Für den Belag Preiselbeeren in einem Sieb gut abtropfen lassen.

Tortencreme mit 600 ml Schlagsahne und 100 ml Wasser nach Packungsanleitung zubereiten. Das Päckchen mit der Dessertzubereitung beiseite legen. Etwa 2/3 der Preiselbeeren unter die Creme rühren.

5 Eine Biskuithälfte auf eine Kuchenplatte legen und einen Backrahmen darumstellen. Preiselbeer-Sahne darauf geben und glatt streichen. Die zweite Biskuithälfte darauf legen, leicht andrücken. Kuchen kalt stellen.

6 Backrahmen lösen und entfernen. Restliche Preiselbeeren mit der beiseite gelegten Dessertzubereitung verrühren. Die Kuchenoberfläche gleichmäßig damit bestreichen und mit den Schoko-Waffel-Täfelchen dicht an dicht belegen. Den Kuchen so in Schnittchen schneiden, dass jeweils zwei Waffelblätter auf einem Schnittchen sind.

7 Zum Verzieren Puderzucker mit Wasser zu einer dickflüssigen Masse verrühren und in einen kleinen Gefrierbeutel füllen. Eine kleine Spitze abschneiden und die Schoko-Waffel-Täfelchen als Dominosteine mit Punkten unterschiedlich verzieren.

Stachelbeerschnitten

**Zubereitungszeit: 60 Min.,
ohne Kühl- und Durchziehzeit
Backzeit: etwa 15 Min.**

**Insgesamt:
E: 50 g, F: 380 g, Kh: 540 g,
kJ: 24438, kcal: 5831**

Für den Knetteig:
- **225 g Weizenmehl**
- **1 gestr. TL Backpulver**
- **60 g Zucker**
- **1 Pck. Vanillin-Zucker**
- **150 g Butter
  oder Margarine**

Für die Füllung:
- **750 g frische Stachelbeeren
  oder 2 Gläser Stachelbeeren
  (Abtropfgewicht je 390 g)**
- **200 g Zucker**
- **2 EL Wasser**
- **1 Pck. Tortenguss, klar**
- **1 EL Zucker**
- **250 ml (¼ l)
  Stachelbeersaft**

Für den Belag:
- **750 ml (¾ l) Schlagsahne**
- **50 g Zucker**
- **1 Pck. Vanillin-Zucker**
- **2 Pck. Sahnesteif**
- **4 EL Zitronensaft**

- **40 g Haselnusskrokant**

1 Für den Teig Mehl mit Backpulver mischen und in eine Rührschüssel sieben. Zucker, Vanillin-Zucker und Butter oder Margarine hinzufügen. Die Zutaten mit Handrührgerät mit Knethaken zunächst kurz auf niedrigster, dann auf höchster Stufe gut durcharbeiten.

2 Anschließend auf einer bemehlten Arbeitsfläche zu einem glatten Teig verkneten. Sollte er kleben, ihn in Folie gewickelt eine Zeit lang kalt stellen.

3 Den Teig auf einem Backblech (30 x 40 cm, gefettet) in der Größe von etwa 30 x 30 cm ausrollen. Teigboden mehrmals mit einer Gabel einstechen. Das Backblech in den Backofen schieben.

**Ober-/Unterhitze:
200–220 °C (vorgeheizt)
Heißluft: 180–200 °C (vorgeheizt)
Gas: etwa Stufe 4 (vorgeheizt)
Backzeit: etwa 15 Min.**

4 Die Gebäckplatte sofort nach dem Backen senkrecht halbieren, vom Backblech lösen und auf einem mit Backpapier belegten Kuchenrost erkalten lassen.

5 Für die Füllung frische Stachelbeeren waschen, abtropfen lassen, Blüten- und Stängelansätze entfernen. Stachelbeeren in einem Topf mit Zucker und Wasser zugedeckt etwa 5 Minuten dünsten.

6 Die gedünsteten Stachelbeeren oder Stachelbeeren aus dem Glas in einem Sieb abtropfen lassen, den Saft dabei auffangen und 250 ml (¼ l) davon abmessen, evtl. mit Wasser auffüllen. Tortengusspulver mit Zucker und Saft nach Packungsanleitung zubereiten. Stachelbeeren vorsichtig unterheben. Masse erkalten lassen.

7 Eine Gebäckhälfte auf eine Kuchenplatte legen, Stachelbeermasse darauf verteilen.

8 Für den Belag Sahne mit Zucker, Vanillin-Zucker und Sahnesteif steif schlagen. Unter die Hälfte der Sahne Zitronensaft rühren. Die Zitronen-Sahne gleichmäßig auf die Stachelbeermasse geben und glatt streichen. Die zweite Gebäckhälfte darauf legen und leicht andrücken. Die restliche Sahne darauf verteilen und mithilfe einer Gabel verzieren. Mit Krokant bestreuen und in Schnitten schneiden.

Geburtstags-Schnittchen

*Zubereitungszeit: 45 Min.,
ohne Abkühlzeit
Backzeit: 10–12 Min.*

*Insgesamt:
E: 109 g, F: 290 g, Kh: 596 g,
kJ: 22907, kcal: 5466*

Für den Biskuitteig:
- **4 Eier (Größe M)**
- **2 EL heißes Wasser**
- **125 g Zucker**
- **1 Pck. Vanillin-Zucker**
- **125 g Weizenmehl**
- **25 g Speisestärke**
- **1 gestr. TL Backpulver**

Zum Tränken:
- **150 ml Sauerkirsch-Nektar**

Für die Sahnecreme:
- **1 Beutel aus 1 Pck. Götterspeise Himbeer-Geschmack**
- **100 g Zucker**
- **300 ml Sauerkirsch-Nektar**
- **400 g Doppelrahm-Frischkäse**
- **400 ml Schlagsahne**
- **1 Pck. Vanillin-Zucker**

Für den Guss:
- **250 ml (¼ l) Sauerkirsch-Nektar**
- **1 Pck. Tortenguss, klar**

- **2 Dosen Aprikosenhälften (Abtropfgewicht je 240 g)**
- **etwa 6 EL SMARTIES® minis (Schokolinsen)**

1 Für den Teig Eier und Wasser mit Handrührgerät mit Rührbesen auf höchster Stufe in 1 Minute schaumig schlagen. Zucker mit Vanillin-Zucker mischen, in 1 Minute einstreuen, dann noch etwa 2 Minuten schlagen. Mehl mit Speisestärke und Backpulver mischen, die Hälfte davon auf die Eiercreme sieben und kurz auf niedrigster Stufe unterrühren. Den Rest des Mehlgemisches auf die gleiche Weise unterarbeiten.

2 Einen Backrahmen auf ein Backblech (30 x 40 cm, gefettet, mit Backpapier belegt) stellen. Teig hineingeben, glatt streichen. Backblech in den Backofen schieben.

**Ober-/Unterhitze:
etwa 200 °C (vorgeheizt)
Heißluft: etwa 180 °C (vorgeheizt)
Gas: Stufe 3–4 (vorgeheizt)
Backzeit: 10–12 Min.**

3 Den Backrahmen lösen, entfernen und säubern. Die Biskuitplatte sofort nach dem Backen auf ein mit Zucker bestreutes Backpapier stürzen, mitgebackenes Backpapier vorsichtig abziehen. Die Biskuitplatte erkalten lassen, dann senkrecht halbieren. Backrahmen um eine Biskuithälfte stellen und mit der Hälfte des Sauerkirsch-Nektars tränken.

4 Für die Sahnecreme Götterspeise und Zucker in einem kleinen Topf mischen. Sauerkirsch-Nektar unter Rühren hinzufügen und etwa 10 Minuten quellen lassen. Die gequollene Götterspeise in einem Topf unter Rühren erhitzen (nicht kochen), bis sie gelöst ist, etwas abkühlen lassen. Frischkäse in einer Rührschüssel glatt rühren. Wenn die Götterspeise anfängt dicklich zu werden, Frischkäse nach und nach unterrühren.

5 Sahne mit Vanillin-Zucker steif schlagen und unter die Creme heben. Die Hälfte der Sahnecreme auf die getränkte Biskuitplatte geben und glatt streichen. Die zweite Biskuitplatte darauf legen, leicht andrücken und mit dem restlichen Sauerkirsch-Nektar tränken. Restliche Sahnecreme darauf verstreichen. Kuchen kalt stellen.

(Fortsetzung Seite 54)

® Société des Produits Nestlé S.A.

6 Für den Guss aus Sauerkirsch-Nektar und Tortengusspulver nach Packungsanleitung (jedoch ohne Zucker) einen Guss bereiten. Diesen gleichmäßig auf der Creme verteilen und fest werden lassen.

7 Aprikosenhälften in einem Sieb gut abtropfen lassen. Jede Aprikosenhälfte zwischen Küchenpapier flach drücken und mit einem kleinen Ausstecher (z. B. Bärchenmotiv) Figuren ausstechen. Backrahmen lösen

und entfernen. Die Kuchenoberfläche kurz vor dem Servieren mit Schokolinsen und Aprikosenfiguren garnieren. Kuchen in Schnittchen schneiden.

Knuspermüsli-Schnittchen

Zubereitungszeit: 50 Min., ohne Kühlzeit

Insgesamt:
E: 230 g, F: 454 g, Kh: 679 g, kJ: 32771, kcal: 7817

Für den Boden
und die Knusperhäufchen:
- **100 g abgezogene, gehobelte Mandeln**
- **300 g Knuspermüsli**
- **400 g weiße Kuvertüre**

Für die Creme:
- **10 Blatt weiße Gelatine**
- **1 kg Speisequark**
- **1 Pck. Finesse Geriebene Zitronenschale**
- **3–4 EL Zitronensaft**
- **150–200 g Zucker**
- **500 g rote Johannisbeeren**
- **500 ml (½ l) Schlagsahne**

Zum Garnieren:
- **250 g Johannisbeerrispen**

1 Für den Boden und die Knusperhäufchen die Mandeln in einer Pfanne ohne Fett unter Rühren leicht bräunen. Dann die Mandeln auf einem Teller erkalten lassen. Knuspermüsli in einen Gefrierbeutel geben, Beutel fest verschließen und das Müsli mit einer Teigrolle zerbröseln. Kuvertüre grob hacken, in einem kleinen Topf im Wasserbad bei schwacher Hitze zu einer geschmeidigen Masse verrühren. Masse in eine Rührschüssel geben, mit Müslibröseln und Mandeln gut vermengen.

2 Für die Knusperhäufchen Backpapier auf eine große Platte legen. Aus der Müsli-Masse mit zwei Teelöffeln 20 kleine Häufchen abstechen und auf das Backpapier setzen. Restliche Masse als Kuchenboden auf ein Backblech (30 x 40 cm, gefettet, mit Backpapier belegt) geben und mit einem Esslöffel gut andrücken. Den Boden kalt stellen.

3 Für die Creme Gelatine in kaltem Wasser nach Packungsanleitung einweichen. Quark mit Zitronenschale, Zitronensaft und Zucker verrühren. Gelatine leicht ausdrücken und in einem kleinen Topf unter Rühren erwärmen (nicht kochen), bis sie völlig gelöst ist. Gelatine zuerst mit einigen Löffeln von der Creme anrühren, dann mit der restlichen Creme gut verrühren und kalt stellen.

4 Johannisbeeren waschen, abtropfen lassen, Beeren von den Rispen streifen und trockentupfen. Sahne steif schlagen. Sobald die Creme anfängt dicklich zu werden, Sahne und Johannisbeeren unterheben. Creme auf den Knusperboden streichen und den Kuchen kalt stellen.

5 Zum Garnieren Johannisbeerrispen abspülen und trockentupfen. Kuchen in etwa 20 Schnittchen teilen. Jedes Schnittchen mit einer kleinen Johannisbeerrispe und einem Knusperhäufchen garnieren.

Himbeer-Merci-Schnittchen

Zubereitungszeit: 45 Min.,
ohne Kühlzeit
Backzeit: etwa 15 Min.

Insgesamt:
E: 84 g, F: 416 g, Kh: 517 g,
kJ: 26027, kcal: 6212

- 1 Pck. (200 g)
  merci crocant
- 100 g Zwieback

Für den Biskuitteig:
- 4 Eier (Größe M)
- 3 EL heißes Wasser
- 75 g Zucker
- 1 Pck. Vanillin-Zucker
- 50 g Weizenmehl
- 1 gestr. TL Backpulver
- 1 EL Kakaopulver

Für die Füllung:
- 400 g frische vorbereitete
  Himbeeren
- 200 g Johannisbeergelee
- 1 EL Himbeergeist
- 1 l Schlagsahne
- 4 Pck. Sahnesteif

- **Puderzucker**

1 Merci crocant in kleine Stücke hacken, die Hälfte davon auf einem Backblech (30 x 40 cm, gefettet, mit Backpapier belegt) gleich-mäßig verteilen. Zwieback in einen Gefrierbeutel geben, diesen fest verschließen. Mit einer Teigrolle den Zwieback sehr fein zerbröseln.

2 Für den Teig Eier und Wasser mit Handrührgerät mit Rührbesen auf höchster Stufe in 1 Minute schaumig schlagen. Zucker und Vanillin-Zucker mischen, in 1 Minute einstreuen, dann noch etwa 2 Minuten schlagen. Mehl mit Backpulver und Kakao mischen und auf die Eiercreme sieben, kurz auf niedrigster Stufe unterrühren. Zwiebackbrösel und restliche Krokantstücke unter den Teig heben. Den Teig auf das mit Krokantstücken vorbereitete Backblech streichen. Das Backblech in den Backofen schieben.

Ober-/Unterhitze:
etwa 200 °C (vorgeheizt)
Heißluft: etwa 180 °C (vorgeheizt)
Gas: Stufe 3–4 (vorgeheizt)
Backzeit: etwa 15 Min.

3 Die Biskuitplatte nach dem Backen auf ein mit Zucker bestreutes Backpapier stürzen, mitgebackenes Backpapier vorsichtig abziehen. Biskuitplatte erkalten lassen und senkrecht halbieren. Eine Hälfte auf eine Kuchenplatte geben und mit den Himbeeren belegen. Backrahmen darumstellen.

4 Johannisbeergelee mit dem Himbeergeist in einem kleinen Topf unter Rühren erwärmen und die Himbeeren damit überziehen. Kuchen kalt stellen. Sahne in 2 Portionen mit Sahnesteif steif schlagen und auf den Himbeeren verstreichen. Zweite Biskuithälfte darauf legen und leicht andrücken. Kuchenoberfläche mit Puderzucker bestäuben. Kuchen kalt stellen. Backrahmen lösen und entfernen. Den Kuchen zum Servieren mit einem scharfen Messer in Schnittchen schneiden.

- **Abwandlung:**

Für das **Titelrezept „Helle Himbeerschnitten"** bereiten Sie einen Biskuitteig aus 4 Eiern (Größe M), 3 Esslöffeln heißem Wasser, 150 g Zucker, 1 Päckchen Vanillin-Zucker, 150 g Weizenmehl, 1 gestrichenen Teelöffel Backpulver und 50 g Speisestärke. Backen Sie den Teig auf dem Backblech (30 x 40 cm, gefettet, mit Backpapier belegt) bei der oben angegeben Backofeneinstellung etwa 10 Minuten. Arbeiten Sie dann wie ab Punkt 3 beschrieben weiter. Zum Verzieren und

(Fortsetzung Seite 58)

Garnieren schlagen Sie 400 ml Sahne mit 2 Päckchen Sahnesteif und 1 Päckchen Vanillin-Zucker steif. Geben Sie die Sahne in einen Spritzbeutel mit Sterntülle und verzieren Sie die Schnitten mit länglichen Tuffs. Garnieren Sie diese mit einigen Himbeeren.

Traubenschnitten

*Zubereitungszeit: 40 Min.,
ohne Kühlzeit*
Backzeit: etwa 25 Min.

Insgesamt:
*E: 79 g, F: 326 g, Kh: 467 g,
kJ: 21686, kcal: 5176*

Für den All-in-Teig:
- **100 g Weizenmehl**
- **25 g Speisestärke**
- **3 gestr. TL Backpulver**
- **125 g Zucker**
- **1 Pck. Vanillin-Zucker**
- **1 Prise Salz**
- **125 g weiche Butter
  oder Margarine**
- **3 Eier (Größe M)**
- **1 Pck. Finesse
  Orangenfrucht**

Für die Sahne-Creme:
- **250 g Mascarpone
  (italienischer Frischkäse)**
- **250 g Sahnequark**
- **50 g Zucker**
- **1 Pck. Bourbon-Vanille-
  Zucker**
- **2–3 EL Zitronensaft**
- **200 ml Schlagsahne**

- **1 Pck. Sahnesteif**
- **500 g kernlose grüne, rote
  und blaue Weintrauben**

Für den Guss:
- **2 Pck. Tortenguss, klar**
- **500 ml (½ l)
  weißer Traubensaft**
- **1–2 EL Zucker**

1 Für den Teig Mehl mit Speisestärke und Backpulver mischen und in eine Rührschüssel sieben. Zucker, Vanillin-Zucker, Salz, Butter oder Margarine, Eier und Orangenfrucht hinzufügen. Die Zutaten mit Handrührgerät mit Rührbesen auf höchster Stufe in etwa 2 Minuten zu einem glatten Teig verarbeiten.

2 Den Teig auf ein Backblech (30 x 40 cm, gefettet) geben und glatt streichen. Das Backblech auf dem Rost in den Backofen schieben.

Ober-/Unterhitze:
etwa 180 °C (vorgeheizt)
Heißluft: etwa 160 °C (vorgeheizt)
Gas: Stufe 2–3 (vorgeheizt)
Backzeit: etwa 25 Min.

3 Das Backblech auf einen Kuchenrost stellen und den Gebäckboden erkalten lassen.

4 Für die Sahne-Creme Mascarpone mit Quark, Zucker, Vanille-Zucker und Zitronensaft verrühren. Sahne mit Sahnesteif steif schlagen. Sahne vorsichtig unter die Creme heben.

5 Weintrauben abspülen, trockentupfen und halbieren. Sahne-Creme auf dem Gebäckboden verstreichen und mit den Weintrauben belegen. Kalt stellen.

6 Für den Guss Tortengusspulver mit Traubensaft und Zucker nach Packungsanleitung zubereiten. Den Guss etwa 1 Minute abkühlen lassen und vorsichtig auf den Weintrauben verteilen. Guss fest werden lassen. Den Kuchen in Schnitten schneiden und bis zum Servieren kalt stellen.

Sahnige Joghurtschnitten

**Zubereitungszeit: 40 Min.,
ohne Kühlzeit
Backzeit: 15–20 Min.**

**Insgesamt:
E: 95 g, F: 305 g, Kh: 534 g,
kJ: 22294, kcal: 5320**

Für den Biskuitteig:
- **3 Eier (Größe M)**
- **100 g Zucker**
- **1 Pck. Vanillin-Zucker**
- **100 g Weizenmehl**
- **1 Msp. Backpulver**
- **50 g zerlassene, abgekühlte Butter**

- **100 g Halbbitter-Kuvertüre**

Für die Füllung:
- **4 Blatt weiße Gelatine**
- **5 Becher (je 150 g) Himbeer-Götterspeise (Kühlregal)**
- **500 g Naturjoghurt**
- **50 g Zucker**
- **400 ml Schlagsahne**
- **1 Becher (150 g) Himbeer-Götterspeise (Kühlregal)**
- **200 g frische vorbereitete Himbeeren**

Zum Garnieren:
- **200 ml Schlagsahne**
- **1 Pck. Sahnesteif**

- **1 Becher (150 g) Himbeer-Götterspeise (Kühlregal)**
- **100 g frische vorbereitete Himbeeren**

1 Für den Teig Eier mit Handrührgerät mit Rührbesen auf höchster Stufe in 1 Minute schaumig schlagen. Zucker mit Vanillin-Zucker mischen, in 1 Minute einstreuen, dann noch etwa 2 Minuten schlagen. Mehl mit Backpulver mischen, die Hälfte davon auf die Eiercreme sieben, kurz auf niedrigster Stufe unterrühren. Restliches Mehlgemisch auf die gleiche Weise unterarbeiten. Butter unterheben.

2 Einen Backrahmen (25 x 25 cm) auf ein Backblech (gefettet, mit Backpapier belegt) stellen. Den Teig in den Backrahmen füllen und glatt streichen. Das Backblech in den Backofen schieben.

**Ober-/Unterhitze:
180–200 °C (vorgeheizt)
Heißluft: 160–180 °C (vorgeheizt)
Gas: etwa Stufe 3 (vorgeheizt)
Backzeit: 15–20 Min.**

3 Die Biskuitplatte vorsichtig vom Backrahmen lösen, Backrahmen entfernen. Biskuitplatte auf ein mit Zucker bestreutes Backpapier stürzen, mitgebackenes Backpapier abziehen. Biskuitplatte erkalten lassen.

4 Kuvertüre grob hacken und in einem kleinen Topf im Wasserbad bei schwacher Hitze geschmeidig rühren. Die Biskuitplatte damit bestreichen und die Kuvertüre fest werden lassen. Biskuitplatte wenden, so dass die kuvertierte Seite unten liegt. Gesäuberten Backrahmen darumstellen.

5 Für die Füllung Gelatine in kaltem Wasser nach Packungsanleitung einweichen und ausdrücken. Gelatine mit der Götterspeise (5 Becher) in einem Topf unter Rühren erwärmen (nicht kochen), bis sie völlig in der flüssigen Götterspeise gelöst ist. Etwas abkühlen lassen, dann Joghurt und Zucker unterrühren, kalt stellen. Sahne steif schlagen, Götterspeise in Würfel schneiden. Wenn die Götterspeise-Joghurt-Masse anfängt dicklich zu werden, Sahne, gewürfelte Götterspeise und Himbeeren unterheben. Die Masse auf der Biskuitplatte verstreichen.

6 Zum Garnieren Sahne mit Sahnesteif steif schlagen und in einen Spritzbeutel mit kleiner Stern-

(Fortsetzung Seite 62)

tülle füllen. Sahne als kleine Tupfer tief in die Creme spritzen. Götter-speise würfeln, mit den Himbeeren auf der Creme verteilen und einige Stunden kalt stellen. Backrahmen entfernen.

Kirsch-Pralinen-Schnitten

Zubereitungszeit: 40 Min., ohne Abkühlzeit
Backzeit: etwa 25 Min.

Insgesamt:
E: 134 g, F: 670 g, Kh: 896 g, kJ: 43443, kcal: 10372

Zum Vorbereiten:
- **200 g Kirsch-Alkohol-Pralinen**

Für den Rührteig:
- **250 g Butter oder Margarine, 250 g Zucker**
- **1 Pck. Vanillin-Zucker**
- **4 Eier (Größe M)**
- **400 g Weizenmehl**
- **3 gestr. TL Backpulver**
- **100 g nicht abgezogene, gemahlene Mandeln**
- **100 g Raspelschokolade**

Für die Füllung:
- **600 ml Schlagsahne**
- **3 Pck. Sahnesteif**
- **100 g Kirsch-Alkohol-Pralinen**

Zum Verzieren und Garnieren:
- **250 ml (¹/₄ l) Schlagsahne**
- **1 Pck. Sahnesteif**

- **100 g Raspelschokolade**
- **einige eingelegte Amarena-Kirschen**

1 Zum Vorbereiten Kirsch-Alkohol-Pralinen in einem kleinen Topf im Wasserbad bei schwacher Hitze schmelzen und etwas abkühlen lassen.

2 Für den Teig Butter oder Margarine mit Handrührgerät mit Rührbesen auf höchster Stufe geschmeidig rühren. Nach und nach Zucker und Vanillin-Zucker unterrühren. So lange rühren, bis eine gebundene Masse entstanden ist.

3 Eier nach und nach unterrühren (jedes Ei etwa 1/2 Minute). Mehl mit Backpulver mischen, sieben, portionsweise mit Mandeln, Raspelschokolade und der Pralinenmasse auf mittlerer Stufe unterrühren.

4 Einen Backrahmen (28 x 28 cm) auf ein Backblech (mit Backpapier belegt) stellen. Den Teig hineinfüllen und glatt streichen. Das Backblech in den Backofen schieben.

Ober-/Unterhitze:
etwa 180 °C (vorgeheizt)
Heißluft: etwa 160 °C (vorgeheizt)
Gas: Stufe 2–3 (vorgeheizt)
Backzeit: etwa 25 Min.

5 Das Backblech auf einen Kuchenrost stellen, Gebäckboden erkalten lassen. Den Backrahmen lösen und entfernen. Gebäckboden einmal waagerecht durchschneiden.

6 Für die Füllung Sahne mit Sahnesteif steif schlagen. Die Hälfte der Sahne beiseite stellen. Pralinen grob zerkleinern und unter die restliche Sahne heben. Den unteren Gebäckboden mit der Pralinen-Sahne bestreichen, den oberen Gebäckboden darauf legen und mit der beiseite gestellten Sahne bestreichen.

7 Zum Verzieren und Garnieren Sahne mit Sahnesteif steif schlagen, in einen Spritzbeutel mit Lochtülle füllen und die Kuchenoberfläche damit verzieren. Kuchenrand mit Raspelschokolade bestreuen. Die Kuchenoberfläche mit den Amarena-Kirschen garnieren und der Amarena-Flüssigkeit beträufeln. Vor dem Servieren in Schnitten schneiden.

Schnelle Cappuccino-Schnittchen

*Zubereitungszeit: 30 Min.,
ohne Kühlzeit*

Insgesamt:
E: 64 g, F: 188 g, Kh: 283 g,
kJ: 13327, kcal: 3182

Zum Vorbereiten:
- **1 Pck. (10 g) lösliches Cappuccino-Pulver**
- **100 ml heißes Wasser**

Für die Füllungen:
- **6 Blatt weiße Gelatine**
- **4 Becher Mousse au Chocolat (je 100 g, aus dem Kühlregal)**
- **300 ml Schlagsahne**
- **1 Pck. (10 g) lösliches Cappuccino-Pulver**
- **1 Pck. Bourbon-Vanille-Zucker**
- **4 EL Mandel- oder Vanillelikör**

- **etwa 175 g Butterkekse**

Zum Garnieren:
- **1 TL Kakaopulver**
- **½ Pck. Mini-Butterkekse**

1 Zum Vorbereiten das Cappuccino-Pulver mit heißem Wasser auflösen und abkühlen lassen. Eine kleine rechteckige Auflaufform (etwa 12 x 22 cm) mit Frischhaltefolie auslegen.

2 Für die Füllungen Gelatine in kaltem Wasser nach Packungsanleitung einweichen.

3 Für die dunkle Creme die Mousse in eine Schüssel geben. Sahne steif schlagen.

4 Gelatine leicht ausdrücken und mit 4 Esslöffeln des aufgelösten Cappuccinos in einem kleinen Topf unter Rühren erwärmen (nicht kochen), bis sie völlig gelöst ist.

5 Die Hälfte der Gelatinemischung mit 2–3 Esslöffeln Mousse anrühren, dann mit der restlichen Mousse verrühren. Ein Drittel der Sahne unter die Mousse-Gelatine-Mischung heben und kalt stellen.

6 Für die helle Creme Cappuccino-Pulver und Vanille-Zucker unter die restliche Sahne rühren. 2–3 Esslöffel davon mit der restlichen Gelatinemischung anrühren, dann mit der restlichen hellen Creme verrühren.

7 Die Hälfte der hellen Creme auf den Boden der Form streichen, eine Lage Butterkekse darauf legen. Restlichen aufgelösten Cappuccino mit dem Likör verrühren. Kekse mit etwas von der Cappuccino-Likör-Mischung beträufeln. Die Hälfte der dunklen Creme darauf streichen, wieder eine Lage Kekse darauf legen und diese mit etwas von der Cappuccino-Likör-Mischung beträufeln. Nochmals helle Creme, Kekse, dunkle Creme und Kekse einschichten. Den Kuchen mindestens 2 Stunden kalt stellen.

8 Zum Servieren den Kuchen mit Hilfe der Folie auf eine Kuchenplatte stürzen und die Folie entfernen. Mit Kakao bestäuben und mit Mini-Butterkeksen garnieren.

Limetten-Schnittchen

*Zubereitungszeit: 50 Min.,
ohne Kühlzeit*

*Insgesamt:
E: 123 g, F: 291 g, Kh: 454 g,
kJ: 20844, kcal: 4979*

Für den Bröselboden:
- **200 g Butterkekse**
- **100 g zerlassene, abgekühlte Butter**

Für den Belag:
- **1 Bio-Limette (unbehandelt, ungewachst)**
- **8 Blatt weiße Gelatine**
- **750 g Sahnequark**
- **100 g Zucker**
- **1 Pck. Vanillin-Zucker**
- **150 ml Limettensirup**
- **250 ml (1/4 l) Schlagsahne**

Für den Guss:
- **1 Pck. Tortenguss, klar**
- **100 ml Limettensirup**
- **150 ml Wasser**

Nach Belieben zum Garnieren:
- **2 Bio-Limetten (unbehandelt, ungewachst)**

1 Für den Bröselboden Kekse in einen Gefrierbeutel geben und den Beutel verschließen. Kekse mit einer Teigrolle zerbröseln. Butter mit den Keksbröseln in einer Schüssel gut vermengen.

2 Einen Backrahmen in der Größe von etwa 20 x 25 cm auf ein Backblech (mit Backpapier belegt) stellen. Bröselmasse hineingeben und mit einem Löffel andrücken. Bröselboden kalt stellen.

3 Für den Belag Limette heiß waschen und abtrocknen. Die Schale fein abreiben. Limette halbieren und auspressen.

4 Gelatine in kaltem Wasser nach Packungsanleitung einweichen. Quark mit Zucker, Vanillin-Zucker, Limettenschale und 3 Esslöffeln von dem Limettensaft glatt rühren. Gelatine leicht ausdrücken und in einem kleinen Topf mit dem Limettensirup unter Rühren erwärmen (nicht kochen), bis sie völlig gelöst ist.

5 Die aufgelöste Gelatine mit einigen Löffeln der Quarkmasse verrühren, dann die restliche Quarkmasse unterrühren. Masse kalt stellen.

6 Sahne steif schlagen. Sobald die Masse anfängt dicklich zu werden, Sahne vorsichtig unterheben. Sahnecreme auf den Bröselboden geben und glatt streichen. Kuchen kalt stellen.

7 Für den Guss aus Tortengusspulver, Limettensirup und Wasser nach Packungsanleitung einen Guss zubereiten und vorsichtig auf der Kuchenoberfläche verteilen. Den Guss fest werden lassen und dann in Schnittchen schneiden.

8 Nach Belieben zum Garnieren Limetten heiß waschen, abtrocknen und mit einem Zestenreißer Spiralen abziehen. Die Kuchenoberfläche damit garnieren.

- **Tipp:**
Limettensirup gibt es als Konzentrat zur Limonadenzubereitung im Supermarkt.

Sahnige Trüffelschnitten

Zubereitungszeit: 45 Min.,
ohne Kühlzeit
Backzeit: etwa 12 Min.

Insgesamt:
E: 89 g, F: 366 g, Kh: 524 g,
kJ: 24024, kcal: 5730

Zum Bestreuen:
- **75 g Haselnusskrokant**

Für den Biskuitteig:
- **4 Eier (Größe M)**
- **150 g Zucker**
- **1 Pck. Vanillin-Zucker**
- **75 g Weizenmehl**
- **2 gestr. TL Backpulver**
- **60 g gemahlene Haselnusskerne**

Für die Füllung:
- **2 Pck. Mousse au Chocolat (Dessertcremepulver)**
- **500 ml (½ l) Schlagsahne**
- **100 g gehackte gemischte Trüffelpralinen**

Zum Verzieren und Garnieren:
- **200 ml Schlagsahne**
- **1 Pck. Sahnesteif**
- **einige Trüffelpralinen**

1 Zum Bestreuen ein Backblech (30 x 40 cm) mit Backpapier belegen und einen Backrahmen darauf stellen. Krokant gleichmäßig darin verteilen.

2 Für den Teig Eier mit Handrührgerät mit Rührbesen auf höchster Stufe in 1 Minute schaumig schlagen. Zucker und Vanillin-Zucker mischen, in 1 Minute einstreuen, dann noch etwa 2 Minuten schlagen.

3 Mehl mit Backpulver mischen, auf die Eiercreme sieben und kurz auf niedrigster Stufe unterrühren. Haselnusskerne unterheben. Den Teig auf das mit Krokant bestreute Backblech geben und glatt streichen. Das Backblech in den Backofen schieben. Sofort backen.

Ober-/Unterhitze:
etwa 200 °C (vorgeheizt)
Heißluft: etwa 180 °C (vorgeheizt)
Gas: Stufe 3–4 (vorgeheizt)
Backzeit: etwa 12 Min.

4 Backrahmen lösen und entfernen. Die Biskuitplatte sofort nach dem Backen auf ein mit Zucker bestreutes Backpapier stürzen, mitgebackenes Backpapier abziehen. Biskuitplatte erkalten lassen und senkrecht halbieren. Eine Biskuithälfte mit der Krokantseite nach oben auf eine Platte legen. Mit einem Ausstechförmchen 24 kleine Plättchen (Ø etwa 3 cm) ausstechen.

5 Für die Füllung Mousse au Chocolat nach Packungsanleitung, aber mit der angegebenen Sahnemenge zubereiten. Gehackte Trüffelpralinen unterheben.

6 Die Mousse-au-Chocolat-Masse auf die zweite Biskuithälfte geben und glatt streichen. Die ausgestochene Biskuithälfte mit der Krokantseite nach oben darauf legen und leicht andrücken. Kuchen kalt stellen.

7 Zum Verzieren und Garnieren Sahne mit Sahnesteif steif schlagen, in einen Spritzbeutel mit Sterntülle füllen und in die ausgestochenen Löcher spritzen. Mit Trüffel-Pralinen und den Gebäckplättchen garnieren.

Ipanema-Schnittchen

Zubereitungszeit: 50 Min., ohne Kühlzeit
Backzeit: 10–12 Min.

Insgesamt:
E: 81 g, F: 240 g, Kh: 606 g, kJ: 20624, kcal: 4923

Für den Biskuitteig:
- **4 Eier (Größe M)**
- **2 EL heißes Wasser**
- **150 g Zucker**
- **1 Pck. Vanillin-Zucker**
- **1 Pck. Finesse Geriebene Zitronenschale**
- **125 g Weizenmehl**
- **25 g Speisestärke**
- **1 gestr. TL Backpulver**

Für die Füllung:
- **1 Beutel Götterspeise Zitrone-Geschmack aus einem Päckchen, 150 g Zucker**
- **250 ml (¼ l) Wasser**
- **1–2 EL Zitronensaft**
- **etwa 2 EL Maracuja- oder Aprikosenkonfitüre**
- **2 Pck. (je 125 g) CocoCabana Schaumküsse (von Dickmann), 400 ml Schlagsahne**
- **1 Pck. Sahnesteif**

Zum Garnieren:
- **3 EL Kokosraspel**
- **Kapstachelbeeren**
- **kleine Deko-Palmen**

1 Für den Teig Eier und Wasser mit Handrührgerät mit Rührbesen auf höchster Stufe in 1 Minute schaumig schlagen. Zucker mit Vanillin-Zucker und Zitronenschale mischen, in 1 Minute einstreuen, dann noch etwa 2 Minuten schlagen. Mehl mit Speisestärke und Backpulver mischen. Die Hälfte davon auf die Eiercreme sieben, kurz auf niedrigster Stufe unterrühren. Restliches Mehlgemisch auf die gleiche Weise unterarbeiten.

2 Den Teig auf ein Backblech (30 x 40 cm, gefettet, mit Backpapier belegt) geben und glatt streichen. Das Backblech sofort in den Backofen schieben.

Ober-/Unterhitze:
etwa 200 °C (vorgeheizt)
Heißluft: etwa 180 °C (vorgeheizt)
Gas: Stufe 3–4 (vorgeheizt)
Backzeit: 10–12 Min.

3 Den Biskuitboden nach dem Backen auf ein mit Zucker bestreutes Backpapier stürzen. Mitgebackenes Backpapier vorsichtig abziehen. Biskuitboden erkalten lassen.

4 Für die Füllung Götterspeise nach Packungsanleitung, jedoch mit 150 g Zucker und 250 ml (¼ l) Wasser, zubereiten und 10 Minuten quellen lassen. Die gequollene Götterspeise unter Rühren erhitzen (nicht kochen), bis sie völlig gelöst ist. Zitronensaft unterrühren und abkühlen lassen.

5 Den Biskuitboden senkrecht halbieren. Eine Hälfte auf eine Kuchenplatte legen und einen Backrahmen darumstellen. Biskuitboden dünn mit der Konfitüre bestreichen. 1 Packung CocoCabana Schaumküsse gleichmäßig darauf verteilen.

6 Sahne mit Sahnesteif steif schlagen. Sobald die Götterspeise beginnt dicklich zu werden, Sahne unterheben. Die Masse auf den Schaumküssen verstreichen. Den zweiten Biskuitboden darauf legen und etwas andrücken. Kuchen etwa 2 Stunden kalt stellen. Backrahmen vorsichtig lösen und entfernen.

7 Zum Garnieren Kokosraspel unter Rühren in einer Pfanne ohne Fett hellbraun rösten und erkalten lassen. Die Kuchenoberfläche damit bestreuen. Kuchen in Schnittchen schneiden. Mit den restlichen Schaumküssen und den Kapstachelbeeren garnieren. Mit kleinen Deko-Palmen dekorieren.

Ananasschnitten

Zubereitungszeit: 90 Min.,
ohne Kühlzeit
Backzeit: 25–30 Min.

Insgesamt:
E: 102 g, F: 509 g, Kh: 845 g,
kJ: 35155, kcal: 8390

Für den Knetteig:
- 150 g Weizenmehl
- 40 g Zucker
- 1 Pck. Vanillin-Zucker
- 1 Prise Salz
- 100 g Butter oder Margarine

Für den Rührteig:
- 150 g Butter oder Margarine
- 200 g Zucker
- 1 Pck. Vanillin-Zucker
- 4 Eier (Größe M)
- 150 g Weizenmehl
- 40 g Speisestärke
- 40 g Kakaopulver
- 3 gestr. TL Backpulver

Für die Füllung:
- 1 Dose Ananasscheiben (Abtropfgewicht 340 g)
- 800 ml Schlagsahne
- 1 Pck. Sahnetorten-Hilfe
- 200 ml Ananassaft
- 50 g Zucker

- 1 EL Ananaskonfitüre
- 40 g Haselnusskrokant

Zum Garnieren:
- 1 Dose kleine Ananasscheiben (Abtropfgewicht 340 g)

1 Für den Knetteig Mehl in eine Rührschüssel sieben. Zucker, Vanillin-Zucker, Salz und Butter oder Margarine hinzufügen. Die Zutaten mit Handrührgerät mit Knethaken zunächst kurz auf niedrigster, dann auf höchster Stufe gut durcharbeiten. Anschließend auf einer bemehlten Arbeitsfläche zu einem glatten Teig verkneten. Sollte er kleben, ihn in Folie gewickelt eine Zeit lang kalt stellen.

2 Den Teig auf einem Backblech (gefettet) zum Rechteck (etwa 15 x 40 cm) ausrollen und mehrmals mit einer Gabel einstechen. Das Backblech in den Backofen schieben.

Ober-/Unterhitze:
etwa 200 °C (vorgeheizt)
Heißluft: etwa 180 °C (vorgeheizt)
Gas: Stufe 3–4 (vorgeheizt)
Backzeit: 10–15 Min.

3 Für den Rührteig Fett mit Handrührgerät mit Rührbesen auf höchster Stufe geschmeidig rühren. Nach und nach Zucker und Vanillin-Zucker unterrühren. So lange rühren, bis eine gebundene Masse entstanden ist. Eier nach und nach unterrühren (jedes Ei etwa 1/2 Minute). Mehl, Speisestärke, Kakao und Backpulver mischen, sieben und portionsweise auf mittlerer Stufe unterrühren. Den Teig auf ein Backblech (30 x 40 cm, gefettet, mit Backpapier belegt) geben und glatt streichen. Das Backpapier unmittelbar vor dem Teig zur Falte knicken, so dass ein Rand entsteht. Das Backblech in den Backofen schieben.

Ober-/Unterhitze:
etwa 180 °C (vorgeheizt)
Heißluft: etwa 160 °C (vorgeheizt)
Gas: etwa Stufe 3 (vorgeheizt)
Backzeit: etwa 15 Min.

4 Die Gebäckplatte sofort nach dem Backen auf einen mit Backpapier belegten Kuchenrost stürzen, mitgebackenes Backpapier vorsichtig abziehen.

5 Für die Füllung Ananasscheiben in einem Sieb gut abtropfen lassen. Saft dabei auffangen und 200 ml davon abmessen. Ananasscheiben in kleine Stücke schneiden und mit Küchenpapier gut trockentupfen. Sahne steif schlagen. Etwas Sahne zum Verzieren beiseite stellen. Die

(Fortsetzung Seite 74)

Sahnetorten-Hilfe nach Packungsanleitung mit 200 ml Ananassaft, Zucker und Sahne zubereiten. Unter zwei Drittel der Sahnemasse die Ananasstücke heben.

6 Ananaskonfitüre durch ein Sieb streichen, den Knetteigboden damit bestreichen. Rührteigplatte

der Länge nach halbieren. Eine Hälfte auf den Knetteigboden legen, mit der Ananassahne bestreichen und mit der zweiten Hälfte bedecken.

7 Kuchenrand und -oberfläche mit der restlichen Sahnemasse bestreichen. Schnitten mit einem Messer andeuten. Beiseite gestellte

Sahne in einen Spritzbeutel mit Sterntülle füllen. Schnitten damit verzieren und mit Krokant bestreuen. Kuchen 2–3 Stunden kalt stellen.

8 Zum Garnieren Ananasscheiben in einem Sieb gut abtropfen lassen. Vor dem Servieren den Kuchen mit den Ananasringen garnieren und in Schnitten schneiden.

Knusprige Heidelbeerschnitten

Zubereitungszeit: 40 Min., ohne Kühlzeit

Insgesamt:
E: 80 g, F: 364 g, Kh: 578 g, kJ: 24950, kcal: 5963

Für den Boden:
- **250 g Zartbitter-Kuvertüre**
- **150 g Haferfleks (Kölln)**

Für den Belag:
- **600 g frische Heidelbeeren**
- **10 Blatt weiße Gelatine**
- **600 g saure Sahne**
- **2–3 EL Zitronensaft**
- **125 g Zucker**
- **500 ml (½ l) Schlagsahne**

Zum Verzieren:
- **200 g Heidelbeerkonfitüre oder rotes Johannisbeergelee**
- **2–3 EL Johannisbeernektar**

1 Für den Boden die Kuvertüre grob hacken und in einem kleinen Topf im Wasserbad bei schwacher Hitze zu einer geschmeidigen Masse verrühren. Kuvertüre in eine Schüssel geben und mit den Haferfleks gut verrühren.

2 Die Masse auf ein Backblech (30 x 40 cm, mit Backpapier belegt) geben und mit einem Esslöffel andrücken. Gebäckboden kalt stellen.

3 Für den Belag Heidelbeeren verlesen, abspülen, abtropfen lassen und trockentupfen. Gelatine in kaltem Wasser nach Packungsanleitung einweichen. Saure Sahne mit Zitronensaft und Zucker verrühren. Gelatine leicht ausdrücken und in einem kleinen Topf unter Rühren erwärmen (nicht kochen), bis sie völlig gelöst ist.

4 Die aufgelöste Gelatine zuerst mit einigen Löffeln der Masse verrühren, dann mit der restlichen Masse gut verrühren und kalt stellen.

5 Sahne steif schlagen. Sobald die Masse anfängt dicklich zu werden, Sahne und die Hälfte der Heidelbeeren unterheben. Sahnecreme auf den Gebäckboden geben und glatt streichen. Restliche Heidelbeeren darauf verteilen. Kuchen kalt stellen.

6 Zum Verzieren Konfitüre oder Gelee mit Nektar glatt rühren (evtl. durch ein Sieb streichen) und in einen Gefrierbeutel füllen. Eine kleine Spitze davon abschneiden und die Kuchenoberfläche schlierenartig damit verzieren. Kuchen in etwa 20 Schnitten schneiden.

Eierlikörwellen

Zum Vorbereiten:
- **125 g Zartbitterschokolade**
- **500 ml (¹/₂ l) Schlagsahne**

Für den Biskuitteig
- **6 Eier (Größe M)**
- **3 EL heißes Wasser**
- **150 g Zucker**
- **1 Pck. Vanillin-Zucker**
- **1 Prise Salz**
- **¹/₂ TL gemahlener Zimt**
- **2 geh. EL Weizenmehl**
- **1 gestr. TL Backpulver**
- **250 g gemahlene Haselnusskerne**

Für die Füllung:
- **1 Pck. Sahnesteif**

Für den Belag:
- **250 ml (¹/₄ l) Schlagsahne**
- **1 Pck. Sahnesteif**
- **1 Pck. Vanillin-Zucker**
- **etwa 100 ml Eierlikör**
- **1 Pck. CHOCO CROSSIES® CHIPS**

® Société des Produits Nestlé S.A.

1 Zum Vorbereiten Schokolade in Stücke brechen. Sahne in einem Topf unter Rühren erhitzen und die Schokolade darin schmelzen. Die Schokosahne in eine Rührschüssel füllen, mit Frischhaltefolie zudecken und über Nacht kalt stellen.

2 Für den Teig Eier und Wasser mit Handrührgerät mit Rührbesen auf höchster Stufe in 1 Minute schaumig schlagen. Zucker mit Vanillin-Zucker und Salz mischen, in 1 Minute einstreuen, dann noch etwa 2 Minuten schlagen. Zimt mit Mehl und Backpulver mischen und auf die Eiercreme sieben, kurz auf niedrigster Stufe unterrühren. Haselnusskerne unterheben.

3 Den Teig auf ein Backblech (30 x 40 cm, gefettet, mit Backpapier belegt) geben und glatt streichen. Das Backblech in den den Backofen schieben.

Ober-/Unterhitze:
etwa 200 °C (vorgeheizt)
Heißluft: etwa 180 °C (vorgeheizt)
Gas: Stufe 3–4 (vorgeheizt)
Backzeit: 20–25 Min.

4 Die Biskuitplatte nach dem Backen auf mit Zucker bestreutes Backpapier stürzen, mitgebackenes Backpapier vorsichtig abziehen. Biskuitplatte erkalten lassen, dann senkrecht halbieren und eine Hälfte auf eine Kuchenplatte legen. Einen Backrahmen darumstellen.

5 Für die Füllung die vorbereitete Schokosahne mit Sahnesteif steif schlagen und auf der unteren Biskuithälfte gleichmäßig verstreichen. Die zweite Biskuithälfte darauf legen und etwas andrücken. Kuchen kalt stellen. Backrahmen lösen und entfernen.

6 Für den Belag Sahne mit Sahnesteif und Vanillin-Zucker steif schlagen. Die Kuchenoberfläche mit der Sahne bestreichen und mit einem Tortengarnierkamm wellenartig verzieren.

7 Den Eierlikör in einen Gefrierbeutel füllen und eine kleine Spitze davon abschneiden. Den Eierlikör in die Wellen spritzen. Die CHOCO CROSSIES® CHIPS auf der Kuchenoberfläche verteilen. Kuchen bis zum Servieren kalt stellen.

Schmunzel-Gesichter

**Zubereitungszeit: 50 Min.,
ohne Abkühlzeit
Backzeit: 20–25 Min.**

**Insgesamt:
E: 152 g, F: 333 g, Kh: 556 g,
kJ: 24560, kcal: 5866**

Für den Biskuitteig:
- **4 Eier (Größe M)**
- **3 EL heißes Wasser**
- **120 g Zucker**
- **1 Pck. Vanillin-Zucker**
- **100 g Weizenmehl**
- **50 g Speisestärke**
- **2 gestr. TL Backpulver**
- **50 g abgezogene,
  gemahlene Mandeln**

Für die Füllung:
- **12 Blatt weiße Gelatine**
- **1 kg Fruchtjoghurt
  (z. B. Pfirsich, Aprikose)**
- **4 EL Zitronensaft**
- **400 ml Schlagsahne**
- **1 Pck. Sahnesteif**

Zum Garnieren:
- **750 g frische
  große Erdbeeren**
- **200 g Mandelblättchen**
- **75 g Puderzucker**
- **1 EL Zitronensaft**
- **30 g dunkle Kuvertüre**

1 Für den Teig Eier und Wasser mit Handrührgerät mit Rührbesen auf höchster Stufe in 1 Minute schaumig schlagen. Zucker und Vanillin-Zucker mischen, in 1 Minute einstreuen, dann noch etwa 2 Minuten schlagen. Mehl mit Speisestärke und Backpulver mischen, portionsweise auf die Eiercreme sieben, kurz auf niedrigster Stufe unterrühren. Mandeln unter den Teig heben.

2 Den Teig auf ein Backblech (30 x 40 cm, gefettet, mit Backpapier belegt) geben und glatt streichen. Das Backblech in den Backofen schieben.

**Ober-/Unterhitze:
etwa 200 °C (vorgeheizt)
Heißluft: etwa 180 °C (vorgeheizt)
Gas: Stufe 3–4 (vorgeheizt)
Backzeit: 20–25 Min.**

3 Den Biskuitboden sofort nach dem Backen auf ein mit Zucker bestreutes Backpapier stürzen, mitgebackenes Backpapier vorsichtig abziehen. Biskuitboden erkalten lassen und auf eine große Platte legen. Einen Backrahmen darumstellen.

4 Für die Füllung Gelatine in kaltem Wasser nach Packungsanleitung einweichen. Joghurt und Zitronensaft verrühren. Gelatine leicht ausdrücken und in einem kleinen Topf erwärmen, bis sie völlig gelöst ist. Die aufgelöste Gelatine zuerst mit einigen Löffeln von dem Joghurt verrühren, dann den restlichen Joghurt gut unterrühren und kalt stellen.

5 Sahne mit Sahnesteif steif schlagen. Sobald die Joghurtmasse anfängt dicklich zu werden, die Sahne vorsichtig unterheben. Die Sahne-Joghurt-Creme auf den Biskuitboden geben und glatt streichen, kalt stellen. Backrahmen lösen und entfernen. Kuchen in Schnitten schneiden.

6 Zum Garnieren Erdbeeren waschen, abtropfen lassen, entstielen und gut trockentupfen. Mandeln in einer Pfanne ohne Fett goldbraun rösten, erkalten lassen.

7 Puderzucker mit Zitronensaft zu einer dickflüssigen Masse verrühren, in einen kleinen Gefrierbeutel füllen. Davon eine winzige Spitze abschneiden. Auf jede Erdbeere zwei weiße „Augen" und einen Mund spritzen, antrocknen lassen. Kuvertüre grob hacken und in einem kleinen Topf im Wasserbad bei

(Fortsetzung Seite 80)

schwacher Hitze zu einer geschmeidigen Masse verrühren. Diese Masse ebenfalls in einen kleinen Gefrierbeutel füllen, davon eine kleine Spitze abschneiden und kleine Pupillen auf die Augen spritzen.

8 Die Erdbeergesichter auf die Kuchenoberfläche setzen (evtl. leicht eindrücken). Mandeln um die Gesichter legen, so dass diese aus den Mandeln „herausschauen".

Karibische Rumschnitten

Zubereitungszeit: 60 Min., ohne Durchzieh- und Kühlzeit

Insgesamt:
E: 89 g, F: 475 g, Kh: 463 g, kJ: 29800, kcal: 7121

Zum Vorbereiten:
- **2 Pck. (je 200 g) Tropische Mischung aus Trockenfrüchten und Nusskernen**
- **250 ml (¼ l) weißer Rum (40 %)**

Für den Boden:
- **100 g Vollmilch-Kuvertüre**
- **175 g Löffelbiskuits**

Für den Belag:
- **6 Blatt weiße Gelatine**
- **500 g Mascarpone (italienischer Frischkäse)**
- **50–75 g Zucker**
- **1–2 TL gemahlener Zimt**
- **400 ml Schlagsahne**

Zum Garnieren:
- **1–2 TL gemahlener Zimt**

1 Zum Vorbereiten aus der Tropischen Mischung die Nusskerne und Kokos-Chips aussortieren und beiseite legen. Die Trockenfrüchte in eine Schüssel geben, mit dem Rum übergießen und über Nacht durchziehen lassen, bis der Rum von den Früchten aufgesogen ist.

2 Für den Boden einen Backrahmen (etwa 25 x 25 cm) auf ein Backblech (mit Backpapier belegt) stellen. Die Kuvertüre grob hacken und in einem kleinen Topf im Wasserbad bei schwacher Hitze zu einer geschmeidigen Masse verrühren. Löffelbiskuits auf einer Seite mit der aufgelösten Kuvertüre bestreichen und mit der bestrichenen Seite nach unten auf das Backpapier legen. Den Boden kalt stellen.

3 Für den Belag Gelatine in kaltem Wasser nach Packungsanleitung einweichen. Mascarpone mit Zucker und Zimt verrühren. Gelatine leicht ausdrücken, in einem kleinen Topf unter Rühren erwärmen (nicht kochen), bis sie völlig gelöst ist.

4 Die aufgelöste Gelatine zuerst mit einigen Löffeln von der Creme verrühren, dann mit der restlichen Creme gut verrühren. Sahne steif schlagen. Sobald die Creme anfängt dicklich zu werden, Sahne vorsichtig unterheben.

5 Eingelegte Trockenfrüchte auf dem Boden verteilen. Sahne-Creme darauf geben und glatt streichen. Die Kuchenoberfläche mit einem Tortengarnierkamm streifenartig verzieren. Kuchen etwa 2 Stunden kalt stellen.

6 Zum Garnieren beiseite gelegte Nusskerne und Kokos-Chips in einer Pfanne ohne Fett rösten und erkalten lassen. Die Kuchenoberfläche mit Zimt bestäuben und mit den Nusskernen und Kokos-Chips garnieren.

Johannisbeerschnitten

Zubereitungszeit: 45 Min.,
ohne Abkühlzeit
Backzeit: etwa 10 Min.

Insgesamt:
E: 71 g, F: 266 g, Kh: 513 g,
kJ: 19932, kcal: 4758

Für den Biskuitteig:
- **3 Eier (Größe M)**
- **5 EL heißes Wasser**
- **150 g Zucker**
- **1 Pck. Vanillin-Zucker**
- **100 g Weizenmehl**
- **50 g Speisestärke**
- **1 gestr. TL Backpulver**

Für die Füllung:
- **400 g rote Johannisbeeren**
- **8 Blatt weiße Gelatine**
- **750 ml (³/₄ l) Schlagsahne**
- **125 g gesiebter Puderzucker**
- **1 Pck. Vanillin-Zucker**

Zum Garnieren:
- **100 g Johannisbeeren**
- **etwas Zucker**
- **Raspelschokolade**

1 Für den Teig Eier mit Wasser mit Handrührgerät mit Rührbesen auf höchster Stufe in 1 Minute schaumig schlagen. Zucker mit Vanillin-Zucker mischen, in 1 Minute einstreuen, dann noch etwa 2 Minuten schlagen. Mehl mit Speisestärke und Backpulver mischen, die Hälfte davon auf die Eiercreme sieben, kurz auf niedrigster Stufe unterrühren. Restliches Mehlgemisch auf die gleiche Weise unterarbeiten.

2 Den Teig auf ein Backblech (30 x 40 cm, gefettet, mit Backpapier belegt) geben und glatt streichen. Das Backblech in den Backofen schieben.

Ober-/Unterhitze:
etwa 200 °C (vorgeheizt)
Heißuft: etwa 180 °C (vorgeheizt)
Gas: Stufe 3–4 (vorgeheizt)
Backzeit: etwa 10 Min.

3 Die Biskuitplatte sofort nach dem Backen vom Rand lösen und auf ein mit Zucker bestreutes Backpapier stürzen. Mitgebackenes Backpapier vorsichtig abziehen und die Biskuitplatte erkalten lassen.

4 Für die Füllung Johannisbeeren waschen, in einem Sieb gut abtropfen lassen und entstielen. Die

Johannisbeeren pürieren und anschließend durch ein Sieb streichen.

5 Gelatine in kaltem Wasser nach Packungsanleitung einweichen. Gelatine leicht ausdrücken und in einem kleinen Topf unter Rühren erwärmen (nicht kochen), bis sie völlig gelöst ist. Gelatine mit 2–3 Esslöffeln von dem Johannisbeerpüree verrühren, dann das restliche Johannisbeerpüree gut unterrühren. Sahne mit Puderzucker und Vanillin-Zucker steif schlagen. Wenn die Johannisbeermasse beginnt dicklich zu werden, zwei Drittel der Sahne unterrühren.

6 Die Biskuitplatte senkrecht halbieren. Eine Hälfte der Biskuitplatte mit der Johannisbeersahne bestreichen, die andere Hälfte darauf legen, etwas andrücken. Die Kuchenoberfläche mit der restlichen Sahne gleichmäßig bestreichen. Kuchen etwa 2 Stunden kalt stellen.

7 Zum Garnieren Johannisbeeren in kleinere Rispen teilen, abspülen und noch feucht in Zucker wälzen. Kuchen in Schnitten schneiden. Jede Schnitte mit einer Rispe garnieren und mit Raspelschokolade bestreuen.

Brownie-Schnitten

Zubereitungszeit: 70 Min., ohne Kühlzeit
Backzeit: etwa 30 Min.

Insgesamt:
E: 96 g, F: 523 g, Kh: 725 g, kJ: 33442, kcal: 7978

Zum Vorbereiten
für die Creme:
- **75 g Zartbitterschokolade**
- **400 ml Schlagsahne**
- **8 Riegel Milky Way® (je 25 g)**

Für den Teig:
- **150 g Zartbitterschokolade**
- **175 g Butter oder Margarine**
- **200 g Weizenmehl**
- **1 gestr. TL Backpulver**
- **2 EL Kakaopulver**
- **150 g Puderzucker**
- **1 Prise Salz**
- **3 Eier (Größe M)**
- **75 g Zuckerrübensirup (Rübenkraut)**

- **2 Pck. Sahnesteif**

Zum Verzieren und Garnieren:
- **250 ml (¼ l) Schlagsahne**
- **1 Pck. Sahnesteif**
- **1 Pck. Vanillin-Zucker**
- **1 Pck. (150 g) Milky Way Crispy Rolls®**

Nach Belieben:
- **2 EL Schokoplättchen**

1 Zum Vorbereiten Schokolade in Stücke brechen. Sahne mit den Milky-Way®-Riegeln in einem Topf unter Rühren erhitzen, bis sie geschmolzen sind. Schokolade hinzugeben und ebenfalls darin schmelzen. Die Schokoladensahne in eine Rührschüssel füllen und zugedeckt über Nacht kalt stellen.

2 Für den Teig Schokolade in Stücke brechen und mit Butter oder Margarine in einem Topf im Wasserbad zu einer geschmeidigen Masse verrühren. Mehl mit Backpulver, Kakao, Puderzucker und Salz mischen und in eine Rührschüssel sieben. Eier, Sirup und Schokoladen-Fett-Masse hinzugeben und mit einem Schneebesen gut verrühren.

3 Einen Backrahmen in der Größe von etwa 20 x 25 cm auf ein Backblech (mit Backpapier belegt) stellen. Teig hineingeben und glatt streichen. Das Backblech in den Backofen schieben.

® Registered trademark of Masterfoods

Ober-/Unterhitze:
etwa 180 °C (vorgeheizt)
Heißluft: etwa 160 °C (vorgeheizt)
Gas: Stufe 2–3 (vorgeheizt)
Backzeit: etwa 30 Min.

4 Das Backblech auf einen Kuchenrost stellen und den Gebäckboden erkalten lassen.

5 Die kalt gestellte Schokoladensahne mit Sahnesteif steif schlagen und auf den Gebäckboden streichen. Kuchen etwa 2 Stunden kalt stellen. Backrahmen lösen und entfernen.

6 Zum Verzieren und Garnieren Sahne mit Sahnesteif und Vanillin-Zucker steif schlagen. In einen Spritzbeutel mit Lochtülle füllen und Streifen auf die Kuchenoberfläche spritzen. Milky Way Crispy Rolls® in schräge Stücke schneiden und den Kuchen damit garnieren. Nach Belieben den Kuchen mit Schokoplättchen bestreuen.

- **Tipp:**
Schneller geht es, wenn Sie den Teig aus einer Brownie-Backmischung zubereiten.

Amarena-Schnittchen

Zubereitungszeit: 30 Min.,
ohne Kühlzeit
Backzeit: etwa 30 Min.

Insgesamt:
E: 125 g, F: 599 g, Kh: 699 g,
kJ: 36630, kcal: 8699

Für den Rührteig:
- **200 g Butter oder Margarine**
- **150 g Zucker**
- **1 Pck. Bourbon-Vanille-Zucker**
- **1 Prise Salz**
- **4 Eier (Größe M)**
- **200 g Weizenmehl**
- **3 EL Kakaopulver**
- **2 gestr. TL Backpulver**
- **2–3 EL Milch**
- **50 g Raspelschokolade**

Für den Belag:
- **500 g Mascarpone (italienischer Frischkäse)**
- **250 g Speisequark**
- **100 g Zucker**
- **1 Pck. Bourbon-Vanille-Zucker**
- **400 ml Schlagsahne**
- **2 Pck. Sahnesteif**
- **2 Gläser Amarenakirschen (Einwaage je 250 g)**

Zum Verzieren:
- **50 g Zartbitterschokolade**
- **1 TL Speiseöl**

1 Für den Teig Butter oder Margarine mit Handrührgerät mit Rührbesen auf höchster Stufe geschmeidig rühren. Nach und nach Zucker, Vanille-Zucker und Salz unterrühren. So lange rühren, bis eine gebundene Masse entstanden ist.

2 Eier nach und nach unterrühren (jedes Ei etwa $1/2$ Minute). Mehl mit Kakao und Backpulver mischen und sieben, abwechselnd portionsweise mit der Milch auf mittlerer Stufe unterrühren. Raspelschokolade unterheben.

3 Den Teig auf einem Backblech (30 x 40 cm, gefettet) glatt streichen. Das Backblech in den Backofen schieben.

Ober-/Unterhitze:
etwa 180 °C (vorgeheizt)
Heißluft: etwa 160 °C (vorgeheizt)
Gas: Stufe 2–3 (vorgeheizt)
Backzeit: etwa 30 Min.

4 Das Backblech auf einen Kuchenrost stellen. Den Gebäckboden erkalten lassen und einen Backrahmen darumstellen.

5 Für den Belag Mascarpone mit Quark, Zucker und Vanille-Zucker mit Handrührgerät mit Rührbesen geschmeidig rühren. Sahne mit Sahnesteif steif schlagen und unterheben. Amarenakirschen in einem Sieb gut abtropfen lassen, dabei den Saft auffangen. Einige Kirschen zum Garnieren beiseite legen.

6 Den Gebäckboden mit dem aufgefangenen Amarenasaft beträufeln. Amarenakirschen darauf verteilen. Mit der Creme gleichmäßig bestreichen. Kuchen kalt stellen.

7 Zum Verzieren Schokolade in kleine Stücke brechen, mit Speiseöl in einem kleinen Topf im Wasserbad bei schwacher Hitze zu einer geschmeidigen Masse verrühren. In einen Gefrierbeutel füllen und eine kleine Spitze abschneiden. Kuchenoberfläche mit der Schokolade besprenkeln und mit den beiseite gestellten Amarenakirschen garnieren. Schokolade fest werden lassen.

8 Den Backrahmen lösen und entfernen. Kuchen in etwa 20 Schnittchen schneiden.

ETWAS TEURER · MIT ALKOHOL

Himmlische Aprikosenschnitten

*Zubereitungszeit: 65 Min.,
ohne Kühlzeit*
*Backzeit: 12–15 Min.
je Backblech*

Insgesamt:
*E: 87 g, F: 367 g, Kh: 462 g,
kJ: 23108, kcal: 5517*

Für den Rührteig:
- 150 g Butter oder Margarine
- 150 g Zucker
- 1 Pck. Vanillin-Zucker
- 4 Eigelb (Größe M)
- 150 g Weizenmehl
- 1 gestr. TL Backpulver

Für den Belag:
- 4 Eiweiß (Größe M)
- 75 g gehobelte Haselnusskerne, 20 g Zucker
- 1 TL gemahlener Zimt

Für die Füllung:
- 1 Pck. gemahlene Gelatine, weiß, 100 ml Orangensaft
- 1 Dose Aprikosenhälften (Abtropfgewicht 480 g)
- 250 g Naturjoghurt
- 30 g Zucker
- 1 Pck. Bourbon-Vanille-Zucker
- 500 ml (½ l) Schlagsahne

- Puderzucker

1 Für den Teig Butter oder Margarine mit Handrührgerät mit Rührbesen auf höchster Stufe geschmeidig rühren, nach und nach Zucker und Vanillin-Zucker unterrühren. So lange rühren, bis eine gebundene Masse entstanden ist. Eigelb nach und nach unterrühren (jedes Eigelb etwa ½ Minute). Mehl mit Backpulver mischen, sieben und portionsweise auf mittlerer Stufe unterrühren. Den Teig in der Größe von jeweils 25 x 30 cm auf 2 Backbleche (gefettet, mit Backpapier belegt) streichen. Das Backpapier unmittelbar vor dem Teig zur Falte knicken, so dass ein Rand entsteht.

2 Für den Belag Eiweiß sehr steif schlagen und gleichmäßig auf den Teig streichen. Haselnusskerne mit Zucker und Zimt mischen und darauf verteilen. Die Backbleche nacheinander (bei Heißluft zusammen) in den Backofen schieben.

Ober-/Unterhitze:
180–200 °C (vorgeheizt)
Heißluft: etwa 160–180 °C (vorgeheizt)
Gas: etwa Stufe 3 (vorgeheizt)
Backzeit: 12–15 Min. je Backblech.

3 Die Gebäckplatten sofort nach dem Backen von den Backblechen auf mit Backpapier belegte Kuchenroste stürzen. Mitgebackenes Backpapier vorsichtig abziehen. Gebäckplatten erkalten lassen.

4 Für die Füllung Gelatine mit 4 Esslöffel von dem Orangensaft in einem kleinen Topf anrühren, 10 Minuten quellen lassen. Aprikosenhälften in einem Sieb abtropfen lassen und in Würfel schneiden. Joghurt mit dem restlichen Orangensaft, Zucker und Vanille-Zucker verrühren.

5 Gelatine unter Rühren erwärmen (nicht kochen), bis sie völlig gelöst ist. Gelatine mit 2–3 Esslöffeln von der Joghurtmasse verrühren, dann unter die restliche Joghurtmasse rühren. Aprikosenwürfel unterheben und die Aprikosen-Joghurt-Masse kalt stellen.

6 Sahne steif schlagen. Wenn die Masse anfängt dicklich zu werden, Sahne unterheben. Die Aprikosen-Joghurt-Creme auf eine Gebäckplatte streichen, mit der zweiten belegen und leicht andrücken. Die Ränder glatt streichen. Die Schnitten mit Puderzucker bestäuben und in dreieckige Schnitten schneiden.

Sanddorn-Orangen-Schnitten

Zubereitungszeit: 45 Min.,
ohne Kühlzeit
Backzeit: etwa 12 Min.

Insgesamt:
E: 75 g, F: 303 g, Kh: 527 g,
kJ: 21545, kcal: 5134

Für den Biskuitteig:
- **50 g DAIM Minis (etwa 10 Stück)**
- **4 Eier (Größe M)**
- **2 EL heißes Wasser**
- **125 g Zucker**
- **1 Pck. Vanillin-Zucker**
- **25 g Weizenmehl**
- **1 TL Backpulver**
- **100 g gemahlene Haselnusskerne**

- **8–10 EL Orangensaft**

Für die Sanddorn-Orangen-Creme:
- **6 Blatt weiße Gelatine**
- **300 ml Sanddorn mit Honig (aus der Flasche, Reformhaus)**
- **125 ml (¹/₈ l) Orangensaft**
- **500 ml (¹/₂ l) Schlagsahne**

Zum Garnieren:
- **100 g DAIM Minis (etwa 20 Stück)**
- **2 TL Kakaopulver**

1 Für den Teig DAIM Minis klein schneiden oder hacken. Eier und Wasser mit Handrührgerät mit Rührbesen auf höchster Stufe in 1 Minute schaumig schlagen. Zucker mit Vanillin-Zucker mischen, in 1 Minute einstreuen, dann noch etwa 2 Minuten weiterschlagen.

2 Mehl mit Backpulver mischen und auf die Eiercreme sieben, auf niedrigster Stufe unterrühren. Zuerst die Haselnusskerne portionsweise unterheben, dann die Daimstücke.

3 Einen Backrahmen auf ein Backblech (30 x 40 cm, gefettet, bemehlt) stellen. Den Teig hineingeben und glatt streichen. Das Backblech sofort in den Backofen schieben.

Ober-/Unterhitze:
etwa 200 °C (vorgeheizt)
Heißluft: etwa 180 °C (vorgeheizt)
Gas: Stufe 3–4 (vorgeheizt)
Backzeit: etwa 12 Min.

4 Das Backblech auf einen Kuchenrost stellen und den Biskuitboden erkalten lassen. Backrahmen lösen, entfernen und säubern. Den Biskuitboden senkrecht halbieren und einen Backrahmen um eine Biskuithälfte stellen. Biskuit-

hälfte mit der Hälfte des Orangensafts tränken.

5 Für die Sanddorn-Orangen-Creme Gelatine in kaltem Wasser nach Packungsanleitung einweichen. Sanddorn in eine Rührschüssel geben. Gelatine leicht ausdrücken und in einem kleinen Topf mit dem Orangensaft unter Rühren erwärmen (nicht kochen), bis sie völlig gelöst ist.

6 Aufgelöste Gelatine mit einigen Löffeln von dem Sanddorn verrühren. Dann mit dem restlichen Sanddorn verrühren und kalt stellen. Sahne steif schlagen. Wenn die Sanddornmasse anfängt dicklich zu werden, Sahne unterheben.

7 Die Hälfte der Sanddorn-Orangen-Creme auf den getränkten Biskuitboden streichen. Mit dem zweiten Biskuitboden belegen und diesen mit dem restlichen Orangensaft tränken. Restliche Sanddorn-Orangen-Creme darauf geben und glatt streichen. Kuchen kalt stellen.

8 Zum Garnieren Backrahmen lösen und entfernen. Kuchenoberfläche mit den DAIM Minis belegen und dick mit Kakaopulver bestäuben.

Biene-Maja-Nester

**Zubereitungszeit: 50 Min., ohne Auftau-, Ruhe- und Kühlzeit
Backzeit: etwa 15 Min.**

**Insgesamt:
E: 66 g, F: 402 g, Kh: 482 g, kJ: 24269, kcal: 5803**

Zum Vorbereiten:
- **150 g Mokkaschokolade**
- **600 ml Schlagsahne**
- **2 Pck. (je 10 g) lösliches Cappuccino-Pulver**

Für die Böden:
- **1 Pck. (450 g) TK-Blätterteig**
- **2 EL Milch**

- **2 Pck. Sahnesteif**
- **etwas Kakaopulver**

Für die Deko-Bienen:
- **2–3 Dosen Birnenhälften, (Abtropfgewicht je 230 g)**
- **100 g Halbbitter-Kuvertüre**
- **½ Pck. Mikado Schokostäbchen**
- **einige abgezogene, gehobelte Mandeln**

1 Zum Vorbereiten Schokolade in Stücke brechen. Sahne in einem Topf unter Rühren erhitzen. Die Schokoladenstücke darin auflösen und Cappuccino-Pulver unterrühren. Schokoladensahne in eine Rührschüssel füllen und zugedeckt über Nacht kalt stellen.

2 Für die Böden Blätterteigplatten nebeneinander nach Packungsanleitung auftauen lassen. Die Platten übereinander legen und auf einer leicht bemehlten Arbeitsfläche zu einem Quadrat von etwa 32 x 32 cm ausrollen. Aus der Teigplatte Quadrate von etwa 8 x 8 cm schneiden. Die Teigquadrate auf ein Backblech (30 x 40 cm, mit Backpapier belegt) legen und mit einer Gabel mehrmals einstechen, etwa 15 Minuten ruhen lassen, dann mit Milch bestreichen.

3 Das Backblech in den Backofen schieben.

**Ober-/Unterhitze:
200–220 °C (vorgeheizt)
Heißluft: 180–200 °C (vorgeheizt)
Gas: etwa Stufe 4 (vorgeheizt)
Backzeit: etwa 15 Min.**

4 Blätterteigquadrate mit dem Backpapier vom Backblech auf einen Kuchenrost ziehen, erkalten lassen und einmal waagerecht durchschneiden.

5 Die vorbereitete Schokoladensahne mit Sahnesteif steif schlagen. 1–2 Esslöffel von der Schokoladensahne beiseite stellen. Restliche Schokoladensahne mit einem Esslöffel auf den Unterteilen der Blätterteigquadrate verteilen. Blätterteigoberteile darauf legen und mit Kakao bestäuben.

6 Birnenhälften in einem Sieb gut abtropfen lassen und mit Küchenpapier trockentupfen. Kuvertüre hacken und in einem kleinen Topf im Wasserbad bei schwacher Hitze zu einer geschmeidigen Masse verrühren. Masse in einen Gefrierbeutel füllen und eine kleine Spitze davon abschneiden. Auf jede Birnenhälfte 3–4 Schokostreifen quer aufspritzen.

7 Mikadostäbchen in Stücke schneiden. Mikadostücke als Fühler und Mandeln als Flügel in die Birnenhälften einstecken (Birnenhälften an diesen Stellen vorher etwas einschneiden).

8 Bienen auf die gefüllten Blätterteignester setzen. Mit der beiseite gestellten Schokoladensahne je einen Mund aufsetzen und mit der Kuvertüre einen kleinen Punkt darauf spritzen. Bis zum Servieren kalt stellen.

Alphabetisches Register

Themenregister

In dieser Reihe sind bisher außerdem erschienen: *Modeschüttelkuchen, Modeplätzchen, Modemuffins, Modeblechkuchen, Leichte Modetorten, Cocktailtorten, Modeteilchen, Modewaffeln, Sommermodetorten, Modetorten gerollt & gewickelt* und *Mode-puddingtorten.* Sie erhalten diese Bücher im Buchhandel.

Wenn Sie Anregungen, Vorschläge oder Fragen zu unseren Büchern haben, rufen Sie uns unter folgender Nummer an 0521 155-2580 oder 52 06 45 oder schreiben Sie uns: Dr. Oetker Verlag KG, Am Bach 11, 33602 Bielefeld.

Bei den in diesem Buch verwendeten Rezeptnamen handelt es sich zum Teil um eingetragene Marken.

Umwelthinweis Dieses Buch und der Einband wurden auf chlorfrei gebleichtem Papier gedruckt. Die Einschrumpffolie zum Schutz vor Verschmutzung – ist aus umweltfreundlichem und recyclingfähigem PE-Material.

Wir danken für die freundliche Unterstützung

Coca-Cola GmbH, Essen
August Storck KG, Berlin
Alfred Vest & Co. GmbH, Hamburg
Guinness UVD, Rüdesheim
J. G. Niederegger GmbH & Co KG, Lübeck
Masterfoods, Viersen
Nestlé Deutschland AG, Frankfurt/Main
Griesson de Beukelaer GmbH & Co KG, Kahla
Kraft Foods Deutschland, Bremen
Peter Kölln KG aA, Elmshorn

Copyright © 2003 by Dr. Oetker Verlag KG, Bielefeld

Redaktion Andrea Gloß

Titelfotos Thomas Diercks, Hamburg
Innenfotos Brigitte Wegner, Bielefeld (S. 7, 11, 21–33, 37, 41, 43, 49–53, 57–63, 67–71, 75–81, 85, 87, 91, 93)
Thomas Diercks, Hamburg (S. 4, 13, 39, 45, 55, 65, 83)
Kramp & Gölling, Hamburg (S. 15)
Bernd Lippert, Bielefeld (S. 17, 35, 47, 73)
Dr. Oetker GmbH, A-Villach (S. 9, 89)

Foodstyling Anke Rabeler, Berlin
Eike Upmeier-Lorenz, Herford

Rezeptentwicklung und -beratung Anne-Katrin Weber, Hamburg
Susanne Legien-Raht, Hamburg
Mechthild Plogmaker, Dr. Oetker Versuchsküche, Bielefeld

Nährwertberechnungen Nutri Service, Hennef

Grafisches Konzept Björn Carstensen, Hamburg
Gestaltung MDH Haselhorst, Bielefeld
Titelgestaltung kontur:design, Bielefeld

Reproduktionen Mohn • Media Mohndruck GmbH, Gütersloh
Satz JUNFERMANN Druck & Service, Paderborn
Druck und Bindung APPL Druck GmbH & Co. KG, Wemding

Die Autoren haben dieses Buch nach bestem Wissen und Gewissen erarbeitet. Alle Rezepte, Tipps und Ratschläge sind mit Sorgfalt ausgewählt und geprüft. Eine Haftung des Verlages und seiner Beauftragten für alle erdenklichen Schäden an Personen, Sach- und Vermögensgegenständen ist ausgeschlossen.

Nachdruck, auch auszugsweise, nur mit ausdrücklicher Genehmigung und Quellenangabe gestattet.

ISBN 3–7670–0629-4